Collection
PROFIL LITTÉRATURE
dirigée par Georges Décote

Série
PROFIL D'UNE ŒUVRE

Germinal
(1885)

ZOLA

**Résumé
Personnages
Thèmes**

CLAUDE ABASTADO
HÉLÈNE POTELET

HATIER

Dans la collection « Profil », titres à consulter dans le prolongement de cette étude sur *Germinal.*

• Sur Zola et son œuvre

– *Histoire de la littérature en France au XIXe siècle* (« Histoire littéraire », **123-124**) ; p. 125-127.
– *50 romans clés* (« Histoire littéraire » **114-115**) ; *L'Assommoir,* p. 90-93.

• Sur le naturalisme

– *Mémento de littérature française* (« Histoire littéraire », **128-129**) ; définition, p. 69 ; le roman naturaliste, Zola, p. 90-91.
– MAUPASSANT, *Une vie* (« Profil d'une œuvre », **103**) ; qu'est-ce que le réalisme et le naturalisme ?, chap. 8.

• Sur le thème de la misère et l'injustice sociale

– HUGO, *Les Misérables* (« Profil d'une œuvre », **146**) ; plaidoyer pour les misérables, chap. 5 ; Hugo partisan d'une justice plus humaine,.chap. 6.
– *La critique de la société au XVIIIe siècle* (« Thèmes et questions d'ensemble », **98**) ; critique de l'inégalité, chap. 2 ; critique de l'injustice, chap. 3.

• Sur le style épique

– HUGO, *Les Misérables* (« Profil d'une œuvre », **146**) ; personnifications, effets d'amplification, chap. 10.
– HUGO, *Hernani, Ruy Blas* (« Profil d'une œuvre », **101**) ; la vision épique, chap. 11.
– ZOLA, *La Bête humaine* (« Profil d'une œuvre », **100**) ; la scène épique, chap. 10.

• Sur la société industrielle et le progrès technique

– ZOLA, *La Bête humaine* (« Profil d'une œuvre », **100**) ; *La Bête humaine,* roman du rail, chap. 8.
– ZOLA, *L'Assommoir* (« Profil d'une œuvre », **35**) ; la condition ouvrière en France dans la seconde moitié du XIXe siècle, chap. 2.
– *Du plan à la dissertation* (« Profil Formation », **313-314**) ; les machines libèrent-elles l'homme ?, chap. 4, corrigé n°3.

• Profil 1000, « guide des Profils »

Guide pour la recherche des idées, des thèmes, des références à partir de la collection « Profil ».

© HATIER, PARIS JANVIER 1993   ISSN 0750-2516   ISBN 2-218-**05007-2**

SOMMAIRE

Les références de pages renvoient à l'édition Gallimard de *Germinal*, coll. « Folio », n° 1001.

Fiche Profil

Germinal (1885)

ÉMILE ZOLA
(1840 -1902)

ROMAN XIXe
ROMAN NATURALISTE

1. RÉSUMÉ

Un jeune chômeur, Étienne Lantier, se fait embaucher aux mines de Montsou, dans le nord de la France. Il fait connaissance avec une famille de mineurs, les Maheu, et tombe amoureux de leur fille Catherine. Mais celle-ci, qui n'est pas insensible à Étienne, est la maîtresse d'un ouvrier brutal, Chaval.

Étienne est révolté par les conditions de vie misérables des mineurs et quand la Compagnie des mines, alléguant la crise économique, décide de baisser les salaires, sa révolte s'exaspère. Rêvant d'une société plus juste, il propage des idées révolutionnaires et pousse les mineurs à la grève.

Les semaines s'écoulent. Les grévistes affamés se déchaînent en une bande enragée aux cris de : «Du pain !, du pain !». Mais, victimes d'une répression violente, ils se résignent à reprendre le travail. C'est alors que Souvarine, un ouvrier anarchiste russe sabote la mine. Les galeries inondées s'effondrent. De nombreux mineurs périssent. Étienne se trouve bloqué avec Catherine et Chaval. Ce dernier le provoque. Étienne le tue et devient l'amant de Catherine qui meurt d'épuisement dans ses bras.

Étienne, sauvé, part pour Paris. Il a perdu ses illusions, mais il a le cœur plein d'espoir. Il sait qu'un jour viendra où la force ouvrière, encore en germination, s'organisera pour venir à bout des injustices.

2. PERSONNAGES PRINCIPAUX

• **Les mineurs**

– **Étienne Lantier**, 20 ans, héros du roman, amoureux de Catherine.

– **Catherine Maheu**, 15 ans, amoureuse d'Étienne, maîtresse de Chaval.

– **Chaval**, amant de Catherine, brutal et jaloux.

– La famille Maheu : famille type de mineurs composée de :

Bonnemort, le grand père ;
Toussaint Maheu, fils de Bonnemort ;
La Maheude, femme de Toussaint Maheu ;
Leurs sept enfants : Zacharie, Catherine, Jeanlin, Alzire, la petite infirme, Lénore, Henri, Estelle.
– Les Levaque : Jérôme Levaque et sa femme la Levaque. Leurs deux enfants : Philomène, (18 ans) maîtresse de Zacharie (dont elle a deux enfants) et Bébert (12 ans).
– Les Pierron et leur fille Lydie (10 ans), amie de Bébert.
– Souvarine , anarchiste russe. Il sabote la mine.

• **Les bourgeois**

– Les Hennebeau : Philippe Hennebeau, directeur général des mines de Montsou et son épouse, maîtresse de Paul Négrel, 25 ans, ingénieur et fiancé à Cécile Grégoire.
– Les Grégoire : rentiers, actionnaires de la Compagnie de Montsou. Leur fille est fiancée à Paul Négrel.

3. THÈMES

1. La faim et la misère.
2. L'amour et la sexualité.
3. La révolte et la lutte des classes.
4. L'influence du milieu et de l'hérédité.
5. Le choc des idéologies politiques à la fin du XIXᵉ siècle : capitalisme, collectivisme, réformisme, anarchisme.

4. TROIS AXES DE LECTURE

1. Un roman documentaire

Germinal se présente comme un document sur la mine et la vie des mineurs.

2. Un roman naturaliste

Zola se propose d'appliquer à la littérature une méthode d'expérimentation scientifique. Ainsi, il met en lumière l'influence du milieu et de l'hérédité sur le comportement.

3. Un roman visionnaire

Zola ne s'en tient pas à la stricte objectivité pour décrire l'univers de la mine. Il laisse libre cours à son imaginaire, et transfigure de façon saisissante la réalité en vision.

1 Biographie de Zola

ENFANCE ET JEUNESSE

1840 2 avril. Naissance à Paris d'Émile Zola. Son père, François Zola, vénitien, est ingénieur des travaux publics. Sa mère, Émilie Aubert, est fille d'artisans beaucerons.

En France, la monarchie de Juillet s'apprête à fêter ses dix ans de règne. En 1830, en effet, Louis-Philippe, chef de la branche des Orléans, est devenu «roi des Français».

1843 Les Zola s'installent à Aix-en-Provence. La ville vient de passer un accord avec François Zola pour la construction d'un barrage.

1847 Alors que débutent les travaux de percement du canal d'Aix, François Zola meurt, laissant sa famille dans une situation matérielle difficile.

1848 24 février. À Paris, une violente insurrection renverse la monarchie de Juillet. Proclamation de la Seconde République[1].

En juin, émeutes des ouvriers parisiens sans travail. L'Assemblée nationale, élue au suffrage universel, fait tirer sur les émeutiers. Louis-Napoléon Bonaparte, neveu de Napoléon Ier, est élu président de la République le 10 décembre avec 74 % des suffrages . Les électeurs ont vu en lui «l'homme fort» qui rétablirait l'ordre et la paix sociale.

1852 Émile entre au collège d'Aix. Il va s'y lier d'amitié avec le futur peintre Paul Cézanne.

Le 2 décembre, Louis-Napoléon (Napoléon III)

---

1. La Première République, proclamée le 22 septembre 1792, avait pris fin en 1804 avec l'avènement de Napoléon Ier et du Premier Empire.

se fait proclamer empereur. C'est le début du Second Empire. Ce régime est d'abord autoritaire : décrets restreignant la liberté de la presse.

1858 La famille de Zola s'installe à Paris. Émile entre au lycée Saint-Louis. Dépaysé, il y sera un élève médiocre et échouera au baccalauréat.

■■■■ LES DÉBUTS COMME ÉCRIVAIN

1859 Zola abandonne ses études, mais commence à écrire des poèmes et des contes.

1860 Zola travaille deux mois comme employé copiste aux Douanes. Ayant quitté cet emploi fastidieux, il ne retrouve pas de travail et traîne pendant deux ans une existence misérable.

1862 Zola entre chez Hachette où il occupe un emploi de commis aux expéditions. Il y restera quatre ans, deviendra assez rapidement chef de publicité.

1864 Zola publie *Les Contes à Ninon* (recueil de nouvelles). Il rencontre Gabrielle-Alexandrine Meley qu'il épousera en 1870.
Le régime de Napoléon III se libéralise : une loi autorise les grèves et les coalitions ouvrières, à condition qu'elles ne s'accompagnent pas de violences.
À Londres, fondation de la Première Internationale sous l'impulsion de Karl Marx. Cette association internationale de travailleurs se propose d'assurer un rôle d'information mutuelle entre ouvriers européens. Mais à cause de nombreuses dissensions internes, elle sera dissoute en 1876.

1866 Zola quitte les éditions Hachette et entre comme journaliste à *L'Événement*. Chroniqueur littéraire, il fait également la critique des expositions de peinture, ce qui lui donne l'occasion de défendre la jeune école impressionniste (Manet) contre les gloires consacrées.

1867 Zola publie son premier roman, *Thérèse Raquin*, Karl Marx fait paraître *Le Capital*, manifeste communiste.

◼◼◼ LE CYCLE DES «ROUGON-MACQUART»

1868 Conception du cycle des *Rougon-Macquart* où Zola, en une vingtaine de volumes, ambitionne de raconter «l'histoire naturelle et sociale d'une famille sous le Second Empire».
Le régime napoléonien continue de lâcher du lest: lois autorisant les réunions publiques et rendant sa liberté à la presse.

1870 28 juin. Publication en feuilleton dans *Le Siècle* du premier titre des *Rougon-Macquart*: *La Fortune des Rougon*.
19 juillet. La France déclare la guerre à la Prusse.
2 septembre. La défaite de Sedan où l'Empereur est fait prisonnier entraîne la chute du Second Empire.
4 septembre. La Troisième République est proclamée.
7 septembre. Les Zola quittent Paris pour Marseille où Zola fonde un journal, *La Marseillaise*.
19 septembre. Paris est assiégé par les Prussiens.

1871 28 janvier. Capitulation de Paris et signature de l'armistice.
18 mars. À Paris éclate une insurrection populaire: la Commune.
21 au 26 mai. Semaine sanglante. Les Communards sont écrasés dans le sang par les Versaillais, soldats envoyés par l'Assemblée nationale établie à Versailles.
À la fin de cette semaine tragique, Zola revient à Paris.
31 août. Thiers est nommé président de la République.

1872 Publication de *La Curée*.

1873 Parution du *Ventre de Paris*, roman des Halles nouvellement construites.
24 mai. Après la démission de Thiers, Mac-Mahon est élu président de la République.

1874 Publication de *La Conquête de Plassans*.

1875 Publication de *La Faute de l'abbé Mouret*, histoire de l'amour impossible entre un prêtre et une jeune femme.

1876 Publication de *Son Excellence Eugène Rougon*.

1877 *L'Assommoir*, un des plus grands romans du cycle des *Rougon-Macquart*, décrit les ravages de l'alcoolisme chez les ouvriers parisiens.

1878 Zola achète à Médan une petite maison de campagne. Il va prendre l'habitude d'y séjourner plusieurs mois par an.
Publication en avril d'*Une page d'amour*.

1879 De nombreux écrivains sont invités à Médan : Daudet, Maupassant, Huysmans, les Goncourt.
30 janvier. Démission de Mac-Mahon. Jules Grévy est élu président de la République.

1880 Publication de *Nana*. Ce roman, qui raconte l'ascension et la chute d'une prostituée de luxe, fait scandale.
17 avril. Parution des *Soirées de Médan*, ouvrage collectif regroupant des contes et des nouvelles écrits par Zola et ses invités de Médan : il s'agit d'une sorte de manifeste de l'école naturaliste dont Zola est le chef de file.
8 mai. Mort de Flaubert. Zola en est vivement affecté.
17 octobre. Mort d'Émilie Zola. L'écrivain ressent douloureusement la perte de la mère adorée.

1881 Premier ministère Jules Ferry. Lois très importantes sur la gratuité de l'enseignement primaire, la liberté de réunion et la liberté de la presse.

1882 Parution de *Pot-Bouille*.

1883 Parution de *Au Bonheur des Dames*, qui raconte l'essor d'un grand magasin.

1884 Pour la préparation de *Germinal*, un roman sur les mines de charbon, Zola se rend à Anzin (Nord) où les mineurs sont en grève.
Loi Waldeck-Rousseau qui reconnaît la liberté syndicale.

1885 Parution de *Germinal*.

1886 Parution de *L'Œuvre*, évoquant les milieux de la peinture.

1887 Parution de *La Terre*, roman sur la vie paysanne.

1888 Début de la liaison de Zola avec Jeanne Rozerot, une jeune lingère engagée par sa femme. Il a 48 ans et désormais, il va mener une double vie entre sa femme et sa maîtresse dont il aura deux enfants. Pour Zola jusqu'ici frustré de paternité, la naissance de Denise (1889) et de Jacques (1891) sera une grande joie. *Le Rêve* est publié en octobre.

1889 Exposition universelle dont le clou est la tour Eiffel.

1890 Parution de *La Bête humaine*. Pour préparer ce roman, Zola a voyagé de Paris à Mantes à bord d'une locomotive.

1891 Parution de *L'Argent* qui dépeint la Bourse et les fièvres de la spéculation.

1892 Parution de *La Débâcle* racontant la défaite de 1870.

1893 Publication du dernier roman du cycle des *Rougon-Macquart*, *Le Docteur Pascal*.

▬▬▬ ZOLA ET L'AFFAIRE DREYFUS

1894 Zola s'intéresse aux aspects intellectuels et psychologiques du catholicisme : il écrit le cycle des trois villes : *Lourdes* (1894), *Rome* (1896) et *Paris* (1898-1899).

24 juin. Assassinat de Sadi-Carnot, président de la République.

15 octobre. Arrestation du capitaine Dreyfus accusé d'espionnage au profit de l'Allemagne sur des preuves douteuses.

22 décembre. Condamnation de Dreyfus à la dégradation militaire et à la déportation en Guyane.

1895 Naissance de la première grande centrale syndicale française : la Confédération générale du Travail (C.G.T.).

1897 Zola prend parti pour Dreyfus.

1898 13 janvier. Dans *L'Aurore*, journal de Clémenceau, Zola publie « J'accuse », célèbre article où il dénonce par quelles machinations l'état-major a obtenu la condamnation de Dreyfus, puis empêché la révision de son procès. Énorme retentissement de cet article : la France se divise en deux camps violemment hostiles, les dreyfusards et les anti-dreyfusards.

23 janvier. Le ministre de la Guerre intente à Zola un procès en diffamation. L'écrivain est condamné à un an d'emprisonnement et 3 000 francs d'amende.

18 juillet. Zola s'exile en Angleterre où il vivra près d'un an.

1899 3 janvier. Rentré en France après la cassation de son procès, Zola continue le combat en faveur de Dreyfus. Celui-ci ne sera réhabilité qu'en 1906.

1900 14 décembre. Loi d'amnistie pour tous les faits relatifs à « l'affaire Dreyfus ».

1902 29 septembre. Zola, 62 ans, meurt à Paris d'une asphyxie probablement accidentelle, mais peut-être malveillante.

1908 Les cendres de Zola sont transférées au Panthéon.

2 Résumé

PREMIÈRE PARTIE : LE TRAVAIL À LA MINE

Chapitre 1. *La mine du Voreux, un lundi de mars 1866[1], 3 heures du matin.*

Étienne Lantier, jeune machineur*, a perdu son emploi à Lille pour avoir giflé son chef. Il erre depuis huit jours à la recherche d'un travail. En cette froide nuit de mars, il avance, grelottant et affamé sur la route de Marchiennes à Montsou[2] et arrive à la fosse* du Voreux, un puits d'extraction de charbon. Il rencontre un vieux mineur usé et malade, Vincent Maheu, surnommé Bonnemort (son surnom lui vient de ce qu'il a réchappé à trois accidents au fond de la mine). Celui-ci lui fait entrevoir la misère qui règne dans la région sévèrement touchée par la crise économique et le chômage, puis il évoque sa famille : cinq générations de mineurs, soumis à un rude travail, sont depuis un siècle au service de la Compagnie des mines de Montsou, dirigée aujourd'hui par M. Hennebeau.

Chapitre 2. *Non loin de là, ce même lundi, quatre heures du matin, au coron des «Deux-Cent-Quarante», groupe d'habitations des mineurs; le nombre correspond à celui des maisons.*

---

* Les astérisques renvoient au vocabulaire de la mine, p. 75.
1. Zola ne précise pas l'année de l'action. On peut toutefois penser, par divers recoupements, notamment les allusions à la guerre du Mexique (p. 53) et à la création de la Première Internationale (p. 192) que le roman se déroule de mars 1866 à avril 1867.
2. Voir le plan, page suivante. Montsou est un nom inventé par Zola; il correspond à la petite ville d'Anzin, proche de Valenciennes; Zola avait enquêté à Anzin en février 1884, à la suite des grèves qui s'y étaient produites. Marchiennes est une authentique bourgade située sur la Nationale 357, à environ 35 km au sud de Lille.

Atelier de construction de Sonneville (p.53)

Forêt de Vandame (p.119, p.321)

Fosse Vandame (p.129)

Maison de Deneulin (p.348)

Fosse Jean-Bart (p.129, 247, 351)

Route de Montsou à Marchiennes

Chemin de Fer (p.119)

La Piolaine (p.121)

Fosse du Voreux

Maison des Directeurs

Fosse Requillard (p.57, 458)

MONTSOU (p.49, 119, 321)

Chemin de Montsou à Joiselle (p.121, 321, 384, 389)

Fosses de Cougny et de Joiselle (p.125)

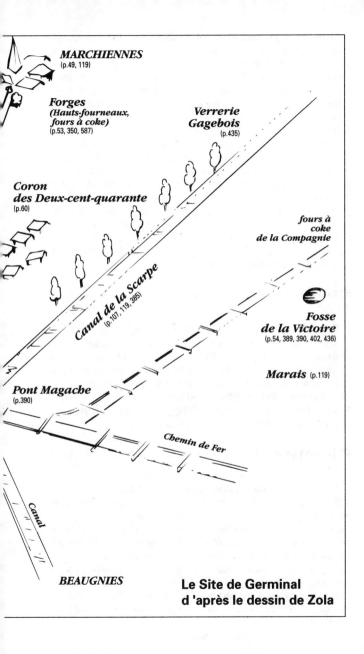

MARCHIENNES
(p.49, 119)

Forges
(Hauts-fourneaux,
fours à coke)
(p.53, 350, 587)

Verrerie
Gagebois
(p.435)

Coron
des Deux-cent-quarante
(p.60)

fours à
coke
de la Compagnie

Canal de la Scarpe
(p.107, 119, 385)

Fosse
de la Victoire
(p.54, 389, 390, 402, 436)

Marais (p.119)

Pont Magache
(p.390)

Chemin de Fer

Canal

BEAUGNIES

Le Site de Germinal
d'après le dessin de Zola

Dans un logement étroit et misérable vivent les époux Maheu (Toussaint Maheu, fils de Bonnemort, et la Maheude, sa femme) ainsi que leurs sept enfants : Zacharie, 21 ans ; Catherine, 15 ans ; Jeanlin, 11 ans ; Alzire, une petite infirme bossue, 9 ans ; Lénore, 6 ans ; Henri, 4 ans ; Estelle, 3 mois. Catherine, épuisée par la fatigue, se lève la première et réveille ses frères. On entend le bruit que font les voisins, les Levaque, qui font ménage à trois avec leur logeur*, Bouteloup, et dont la fille Philomène est la maîtresse de Zacharie (elle a deux enfants de lui). On observe la maison des Pierron : la femme de Pierron, la « Pierronne », est soupçonnée d'être la maîtresse de Dansaert, le contremaître du Voreux. Catherine prépare le maigre déjeuner, le briquet*, double tartine de pain et de fromage qu'emporteront avec eux les mineurs. Après quoi, elle se hâte vers la fosse du Voreux, accompagnée de son père et de ses frères les plus âgés, Zacharie et Jeanlin.

Chapitre 3. *Même jour, 5 heures, à la fosse du Voreux.*

Étienne attend le contremaître pour lui demander s'il y a du travail. C'est alors qu'il fait la connaissance de Toussaint, Zacharie, Jeanlin et Catherine Maheu qui se rendent à la mine. Il réussit à se faire embaucher dans leur équipe et descend avec eux à 554 mètres de fond ; ils marchent dans les galeries basses et étroites et arrivent à leur taille*. Ils rejoignent Chaval, un mineur brutal qui ressent de la haine pour le nouveau venu.

Chapitre 4. *Même jour, le travail au fond de la mine du Voreux.*

Maheu, Zacharie, Levaque et Chaval exercent le dur métier de haveur* : étendus sur le dos, sous une température parfois étouffante, ils taillent la veine* pour en extraire le charbon. Catherine explique à Étienne sa tâche de herscheur* : il doit remplir de charbon les berlines* et les pousser ensuite sur les rails, dans des passages tortueux et étroits, jusqu'au lieu où le charbon sera remonté à la surface du puits. C'est l'heure de la pause. Catherine partage sa tartine avec Étienne qui n'a rien à manger. Celui-ci, séduit par le charme de sa compagne, s'apprête à l'embrasser, mais il est devancé par Chaval qui surgit et étreint brutalement la jeune fille. Le travail reprend.

Chapitre 5. *Le Voreux, au fond, ce même lundi, 14 h-15 h.*

L'ingénieur de la fosse, Paul Négrel, neveu de M. Hennebeau, et le contremaître Dansaert reprochent aux mineurs de mal boiser* les galeries au détriment de leur sécurité. C'est que les ouvriers sont payés à la berline de charbon abattu* et considèrent que le temps passé au boisage est un manque à gagner. Négrel met l'équipe à l'amende; il menace de baisser le prix de la berline et de payer le boisage à part, ce qui constituerait pour les ouvriers une baisse importante de salaire, car ils ne pourraient jamais rattraper avec le temps passé au boisage la perte qu'ils subiraient sur la berline. C'est la révolte et l'amertume : les mineurs se mettent à boiser rageusement, mais bientôt épuisés, ils décident de remonter avant l'heure. Étienne et Catherine passent devant l'écurie : c'est là que se trouve Bataille, un vieux cheval de mine, épuisé par dix ans de travail au fond, et privé à jamais de la lumière du soleil. Tous deux assistent ensuite à la descente au fond de la mine d'un jeune cheval, Trompette, lié dans un filet et pétrifié par la peur.

Chapitre 6. *Ce même lundi, 15 h-15 h 30, à la sortie du puits du Voreux, puis au cabaret local, l'Avantage.*

Étienne, dégoûté, voudrait abandonner cet enfer. Mais Maheu, poussé par sa fille Catherine, lui demande de rester : il lui obtient une chambre à crédit à l'*Avantage*, estaminet tenu par un ancien mineur, Rasseneur, licencié à la suite d'une grève, et devenu chef des mécontents. Celui-ci accepte d'héberger Étienne quand il apprend qu'il connaît un secrétaire de l'Internationale[1], Pluchart. Étienne songe aux yeux clairs de Catherine et à la souffrance de ses nouveaux compagnons. Il restera et se battra.

---

1. Association générale d'ouvriers appartenant à diverses nations, unis pour faire valoir leurs revendications. La Première Internationale, fondée à Londres en 1864, adopte la plupart des idées de Karl Marx.

■■■ DEUXIÈME PARTIE :
LA VIE MISÉRABLE
DES MINEURS

Chapitre 1. *Chez les Grégoire, ce même lundi de mars, 8 h-10 h.*

La Piolaine, belle propriété située près de Montsou, appartient aux Grégoire, riches rentiers qui vivent des revenus de la mine. Cécile, leur fille âgée de dix-huit ans, se lève : une brioche est dans le four, le chocolat est fumant. Arrive Deneulin, leur cousin, propriétaire de deux puits, Jean-Bart et Gaston-Marie, qu'il veut moderniser. Il est venu emprunter de l'argent à M. Grégoire qui lui conseille de vendre son exploitation à la Compagnie des mines de Montsou. Deneulin refuse catégoriquement. La conversation dérive sur un mariage éventuel entre Cécile et l'ingénieur Négrel, le neveu de M. Hennebeau (*cf.* I, 1). Arrive alors la Maheude, avec ses enfants Lénore et Henri, glacés, affamés, saisis par la chaleur de la pièce.

Chapitre 2. *Retour en arrière : chez les Maheu, ce même lundi, 6 h du matin, puis chez les Grégoire, 10 h.*

Pendant que les mineurs sont au travail, la Maheude cherche désespérément à nourrir sa famille. L'épicier Maigrat ne veut plus lui faire crédit. Elle se décide à demander la charité aux Grégoire. Cécile lui donne un paquet de vieux vêtements et offre le reste de brioche aux enfants.

Chapitre 3. *Au coron*, groupe d'habitations de mineurs, ce même lundi, 11 h-15 h.*

La Maheude, de retour au coron, se rend chez sa voisine, la Pierronne. Ensemble, elles critiquent la saleté d'une autre voisine, la Levaque. Mais peu après, la Maheude rencontre la Levaque et va prendre le café chez elle. La Levaque souhaiterait que Zacharie, le fils des Maheu, épouse sa fille Philomène, maintenant que celle-ci a deux enfants de lui. Cela lui ferait moins de bouches à nourrir... À ce moment, elles aperçoivent Madame Hennebeau, la femme du directeur, en toilette de soie : elle fait visiter quelques maisons de mineurs à un couple d'invités parisiens et réussit à les persuader que tout va pour le mieux au coron.

Chapitre 4. *Chez les Maheu, ce même lundi, 15 h-19 h.*

Maheu rentre du travail exténué, un frugal repas est prêt : l'épicier a consenti un dernier crédit. Puis c'est le moment tant attendu de la détente et de la toilette. Chacun se lave dans un baquet. Maheu, après le bain, fait un peu de jardinage.

Chapitre 5. *Le coron, ce même lundi, 19 h-21 h.*

Étienne, pour se détendre après le travail, fait une promenade. Il surprend dans la nuit Catherine subissant les assauts de Chaval dans un hangar désaffecté. Envahi par la colère et la jalousie, il suit le couple puis rentre se coucher.

■■■■■ TROISIÈME PARTIE : PRÉMICES DE LA RÉVOLTE

Chapitre 1. *De mars à juillet 1866.*

Étienne s'accoutume à son travail. Il devient un des meilleurs herscheurs de la fosse et s'entend bien avec tout le monde. Seules ses relations avec Catherine et Chaval demeurent ambiguës : le couple est maintenant reconnu de tous, malgré l'air résigné de Catherine. Au printemps, pour oublier les ébats amoureux des uns et des autres, et pour faire taire sa jalousie envers Chaval, il fuit la campagne en fleurs pour passer ses soirées chez Rasseneur, au cabaret de l'*Avantage*. Il y fait la connaissance de Souvarine, un anarchiste russe, réfugié en France à la suite d'un attentat manqué contre l'empereur et devenu machineur* du Voreux. Étienne, épris de justice sociale, rêve d'une révolution ouvrière, tandis que Souvarine, qui ne croit plus en rien, parle de tout détruire. Étienne lit, réfléchit, correspond avec Pluchart, son ancien contremaître devenu secrétaire de la Fédération du Nord de l'Internationale (*cf.* plus haut, p.17). Celui-ci l'engage à créer une section de l'Internationale à Montsou. Entre-temps, Maheu offre à Étienne d'entrer comme haveur dans son équipe. Par ailleurs, par crainte du chômage, les mineurs se voient contraints d'accepter des baisses de salaire.

Chapitre 2. *Le dernier dimanche de juillet.*

C'est le jour de la fête locale, la ducasse*, à Montsou. Les Maheu se lèvent tard, se régalent d'un lapin puis se rendent avec les autres mineurs à Montsou. On boit de la bière, on joue aux quilles, on assiste à des concours de pinsons, on danse au cabaret du *Bon-Joyeux*, tenu par la veuve Désir. La Maheude accepte le mariage de Zacharie et Philomène, tandis que Maheu propose à Étienne de venir loger chez lui après le mariage des enfants. Étienne tente de convaincre les uns et les autres de la nécessité de créer une caisse de prévoyance au cas où une grève éclaterait.

Chapitre 3. *Chez les Maheu, d'août à octobre.*

Étienne s'installe chez les Maheu. Il partage le lit de Jeanlin dans la même chambre que Catherine. Cette promiscuité trouble les deux jeunes gens qui restent toutefois très distants l'un envers l'autre. Étienne se plonge dans l'étude et se met à lire sans méthode des brochures anarchistes et révolutionnaires. Il endoctrine peu à peu ses amis à qui il fait part de ses rêves d'égalité et de fraternité entre tous les hommes. Il réussit enfin à créer sa caisse de prévoyance.

Chapitre 4. *Le coron et la mine, fin octobre, un samedi après-midi.*

Malgré ses protestations, Bonnemort est mis à la retraite anticipée à cause de ses jambes malades. La Compagnie (la direction des mines de Montsou), touchée par la crise industrielle, cherche par tous les moyens à réduire ses frais, et décide de baisser les salaires. Chez les mineurs, c'est la consternation et la révolte. Maheu reçoit par ailleurs le conseil de ne plus héberger Étienne considéré comme un agitateur. Le soir même, au cabaret de l'*Avantage*, on décide de la grève.

Chapitre 5. *Le coron et la mine, novembre.*

Le travail continue cependant. À la suite d'un éboulement à la veine* Guillaume, un mineur est tué et le petit Jeanlin est blessé. On le recouvre d'un lambeau de laine et on le remonte évanoui. Touché aux jambes, il échappe à l'amputation, mais restera boiteux. Chaval quitte la mine du Voreux, il est embauché à Jean-Bart, le puits de M. Deneulin. De plus en plus jaloux, il oblige Catherine à venir vivre avec lui; elle quitte sa famille et le suit à Jean-Bart.

■■■ QUATRIÈME PARTIE : LA GRÈVE

Chapitre 1. *Chez Hennebeau, lundi 15 décembre, de 5 heures du matin à 14 heures.*

Un lundi matin de décembre, à 5 heures, le chef porion* Dansaert, vient avertir M. Hennebeau, directeur de la Compagnie de Montsou, que pas un homme n'est descendu le matin au Voreux. Bientôt, des dépêches viennent confirmer qu'il en est de même dans les mines voisines. Or, ce jour-là, les Hennebeau ont invité à déjeuner les Grégoire et leur fille Cécile. Le couple Hennebeau entretient des relations distantes et conventionnelles : M. Hennebeau, d'origine modeste, devenu péniblement ingénieur des Mines, a épousé une femme riche, Mme Hennebeau, qui se détache peu à peu de lui et n'hésite pas à prendre des amants. Le dernier en date est le neveu de son mari, le jeune ingénieur Paul Négrel, fiancé à Cécile Grégoire et «adopté» par les Hennebeau, puisqu'il vit chez eux. Mme Hennebeau reste impassible à l'annonce de la grève. Le déjeuner aura lieu, il s'agit de hâter le mariage entre Cécile et Paul. Les Grégoire arrivent et restent placides devant les événements. Survient alors Deneulin, cousin des Grégoire (*cf.* plus haut, p. 18) qui se montre inquiet. On échange tranquillement, entre les œufs brouillés aux truffes et les truites, divers propos sur la crise industrielle et l'on parle de la grève en badinant. La femme de chambre annonce l'arrivée d'une délégation de mineurs. Hennebeau les fait entrer dans le salon voisin.

Chapitre 2. *Le même jour, 13 h 30- 14 h, chez les Hennebeau.*

La délégation est conduite par Maheu qui expose à Hennebeau la situation misérable des mineurs. Il demande une hausse des salaires. Hennebeau répond qu'il ne peut prendre de décisions seul, il transmettra les demandes des mineurs à la Direction de la Compagnie à Paris. Les mineurs sortent découragés.

Chapitre 3. *Au coron, puis chez les Maheu, fin décembre.*

Quinze jours s'écoulent et la grève s'étend. La faim se fait pressante. L'épicier Maigrat refuse de faire crédit. Étienne, devenu le chef incontesté, craint de ne pas être à la hauteur de ses responsabilités. Catherine vient voir sa mère qui l'insulte devant Étienne et lui reproche son départ. La jeune fille résignée avoue être forcée de se soumettre à Chaval. À ce moment entre Chaval qui la brutalise. Étienne est sur le point d'intervenir, mais Catherine l'entraîne dehors pour éviter un affrontement. Étienne est pris d'une profonde tristesse, il décide d'organiser une réunion et de demander à Pluchart de venir.

Chapitre 4. *Au cabaret du* Bon-Joyeux, *le premier jeudi de janvier.*

La réunion doit avoir lieu chez la veuve Désir au Cabaret du *Bon-Joyeux*. Mais Pluchart n'arrive pas. Rasseneur avoue l'avoir décommandé car il refuse les implications politiques qu'engendrerait un ralliement à l'Internationale et il ne croit pas aux idéologies utopiques. Ce qu'il veut, c'est traiter avec la Compagnie afin d'obtenir de meilleures conditions de travail. Souvarine, selon son habitude, déclare qu'il faut tout détruire. Finalement, Pluchart arrive. Devant une centaine de mineurs rassemblés dans la salle, il évoque les bienfaits de l'Internationale. Il emporte la conviction et distribue des cartes d'adhésion. L'arrivée des gendarmes interrompt la réunion.

Chapitre 5. *Au coron, quinze jours après, janvier.*

La misère s'installe. Étienne, désespéré, cède aux avances de la Mouquette, fille brave mais de moralité douteuse et dont les fredaines sont connues de tout le coron. Il en conçoit aussitôt de la honte. On signale des dégâts dans les galeries. Les mineurs risquent une seconde démarche auprès de M. Hennebeau, démarche qui se solde par un échec. Les femmes tentent d'obtenir un crédit auprès de l'épicier Maigrat qui refuse. Étienne apprend que la Compagnie envisage de licencier les ouvriers les plus impliqués dans la grève et que certains hommes sont prêts à reprendre le travail... Il décide de réunir les grévistes dans la forêt de Vandame.

Chapitre 6. *Le lendemain soir mercredi, et le surlendemain, jeudi, à Montsou.*

Jeanlin, le fils des Maheu devenu infirme, se livre aux rapines en compagnie de Bébert, le fils des Levaque, et de Lydie, la fille des Pierron. Jeanlin règne en maître sur les deux enfants qu'il terrorise. Il s'est trouvé une cachette dans une fosse abandonnée où il entasse le produit de ses vols. Étienne le surprend mais le laisse dans sa retraite. Le lendemain, au crépuscule, les mineurs s'acheminent vers la forêt de Vandame.

Chapitre 7. *Ce même jeudi, le soir dans la forêt.*

Trois mille mineurs se retrouvent dans la clairière du Plan-des-Dames. Étienne prend la parole et tient des propos révolutionnaires. Il est vivement acclamé et fait voter une action contre les lâches qui voudraient reprendre le travail. Chaval qui n'était pas gréviste jusqu'alors, et qui travaille à Jean-Bart, propriété de Deneulin, annonce brusquement une grève totale dans sa fosse.

■■■■■■■■ CINQUIÈME PARTIE :
PAROXYSME
DE LA RÉVOLTE

Chapitre 1. *Chez Deneulin, puis à la fosse Jean-Bart, le lendemain vendredi de 4 heures à 10 heures.*

Le lendemain matin, personne ne descend à la mine Jean-Bart. Un porion* avertit Deneulin qui se rend sur place : le travail a effectivement cessé à l'instigation de Chaval. Deneulin discute avec les mineurs : une grève le ruinerait. Il n'est qu'un petit capitaliste et il serait obligé de vendre son entreprise pour passer sous le joug de la Compagnie des mines de Montsou. Il tente un tête-à-tête avec Chaval et lui promet de l'avancement. Celui-ci finit par céder et décide la reprise du travail. Ce même jour, Mme Hennebeau, Cécile Grégoire et les filles Deneulin, vont déjeuner à Marchiennes. Négrel les accompagne.

Chapitre 2. *À la fosse Jean-Bart, au fond, 8 h à 11 h.*

Au fond de la fosse Jean-Bart, à plus de 700 mètres de profondeur, la température atteint 45 degrés. Catherine, épuisée par la chaleur et la fatigue, s'évanouit. Chaval s'inquiète et lui manifeste pour une fois un peu de tendresse. Mais vers 10 heures, un vent de panique souffle dans la mine : le bruit court que les ascenseurs ne remontent plus. On apprend que ceux de Montsou viennent de couper les câbles. Il faut pour regagner l'air libre emprunter cent deux échelles de sept mètres. Catherine rassemble tout son courage pour gravir les échelons. Elle perd connaissance à cinq échelles de l'arrivée. Elle reprend conscience, à la sortie du puits, au milieu d'une foule hurlante qui s'en prend aux non-grévistes.

Chapitre 3. *Retour en arrière : même jour, 8 h à 11 h, de Jean-Bart à Montsou.*

À Montsou, les mineurs partent pour Jean-Bart. Étienne veut mener l'action révolutionnaire sans attenter à la vie des hommes, mais il est vite débordé par la foule en délire : arrivés à Jean-Bart, les grévistes coupent les câbles des ascenseurs, alors que des mineurs sont encore au fond. Ils huent les traîtres non grévistes qui remontent par les échelles. Chaval est poursuivi, Catherine qui vient de reprendre connaissance le suit. Deneulin constate sa ruine, mais il ne peut se résoudre à haïr ces morts de faim.

Chapitre 4. *Dans la campagne, d'une fosse à l'autre, 11 h - 17 h.*

La foule se rue vers les autres puits en hurlant : « Du

pain ! Du pain ! » Et la troupe grossit : ils sont maintenant
deux mille, puis deux mille cinq cents hommes et femmes
déchaînés, poussés par la faim. Tels des forcenés, ils
s'attaquent aux installations, frappent des non-grévistes,
détruisent tout sur leur passage. Étienne s'en prend à
Chaval qui cherche à fuir, et veut se battre au couteau
avec lui. Catherine, pour l'arrêter, le gifle avec violence ;
elle empêche la rixe. La foule prévenue de l'arrivée des
gendarmes, revient vers Montsou pour réclamer du pain.

Chapitre 5. *Chez les Hennebeau, 8 h 30 -18 h.*

Le même jour, dans sa grande maison, M. Hennebeau
resté seul apprend les agissements des grévistes. Par
hasard, en cherchant un document, il monte dans la
chambre de son neveu Négrel et aperçoit dans le lit
encore défait un petit flacon d'or qui appartient à sa
femme. Paralysé par l'émotion, il tente de se calmer et
de faire face aux événements. Une dépêche de la Compagnie lui demande de provoquer une répression éner-
gique. Il fait alors appel à la Préfecture et à la gendar-
merie. Vers 17 heures, Négrel, Madame Hennebeau,
Cécile, les filles Deneulin qui rentrent de promenade (*cf.*
p. 24), tombent sur la cohorte des mineurs en furie.
Cachés dans une grange, ils voient, avec effroi, passer
la foule hurlante. Les mineurs, arrivés à Montsou, font
halte devant la maison du directeur Hennebeau.

Chapitre 6. *Devant la maison de Hennebeau, même jour, 18 h - 20 h.*

Étienne tente en vain de calmer ses camarades, tandis
que les Grégoire, insouciants, se rendent chez Hennebeau
pour dîner. Au même moment, survient l'épicier Maigrat,
qui, pris de panique, implore Hennebeau de l'aider. Celui-
ci lui conseille de rentrer chez lui. Madame Hennebeau,
les filles Deneulin et Négrel se fraient un chemin pour
rentrer à la maison, mais Cécile se perd dans la foule.
Elle est attaquée par des femmes en furie qui s'acharnent
sur elle. Elle est sauvée par l'arrivée de Deneulin qui
l'emporte évanouie sur son cheval. Puis, la foule enfonce
à coups de hache le magasin de Maigrat. Celui-ci qui
tente de rentrer chez lui par les toits, tombe au milieu

des huées de la foule et meurt sur le coup. Son cadavre est sauvagement mutilé par les femmes. Catherine survient alors, elle court vers Maheu et vers Étienne, les suppliant de fuir : Chaval a prévenu les gendarmes. C'est la débâcle générale.

■■■■■■ SIXIÈME PARTIE : MISE EN ÉCHEC DES GRÉVISTES

Chapitre 1. *Le repaire de Jeanlin, le Voreux, première quinzaine de février.*

Le travail n'a toujours pas repris, mais des sentinelles armées gardent les puits. Étienne est recherché. Il se cache dans la fosse abandonnée de Réquillart, où Jeanlin a installé son repaire. Au cours d'une sortie nocturne, il discute avec un tout jeune soldat venu de sa Bretagne, dans l'espoir de voir l'armée ralliée à la cause du peuple : mais le jeune homme ne pense qu'à rentrer chez lui.

Chapitre 2. *Le coron, un soir de février.*

Il neige depuis deux jours. Dans les maisons, il n'y a plus ni pain ni feu. La Maheude guette l'arrivée du docteur car la petite Alzire est en train de mourir de faim et de froid. Les Levaque entrent brutalement dans la pièce et accusent les Maheu d'être à l'origine de propos malveillants tenus sur eux. Mais ils s'en prennent finalement à la Pierronne que l'on surprend avec son amant Dansaert. Pierron survient, défend sa femme, la querelle tourne à la bagarre. La petite Alzire est à l'agonie, elle se met à délirer. Étienne arrive alors ; il envisage de mettre fin à la grève, mais la Maheude ne veut rien entendre. Le docteur apparaît enfin, mais il est trop tard : l'enfant est morte.

Chapitre 3. *Au cabaret de l'*Avantage*, dimanche soir 14 février.*

Étienne va voir Souvarine à l'*Avantage*. Il y rencontre Rasseneur qui évoque l'échec de la grève. La Compagnie a fait venir des mineurs belges. Souvarine est déçu dans ses rêves de destruction, il accuse la lâcheté des hommes. Tout à coup, Chaval entre chez Rasseneur avec

Catherine pour annoncer qu'il reprend le travail : il a été engagé au Voreux pour diriger une équipe de douze belges. Il provoque Étienne et sort son couteau, mais il est vaincu dans la lutte et s'enfuit, laissant Catherine.

Chapitre 4. *La campagne, la même nuit jusqu'à 6 heures du matin.*

Étienne demande à Catherine de venir vivre avec lui. Elle refuse invoquant les relations qu'Étienne entretient avec la Mouquette et sa propre soumission à Chaval. Malade de tristesse, il la raccompagne chez Chaval. Dans la nuit, il assiste soudain à un spectacle atroce : Jeanlin se jette sur le petit soldat breton (*cf.* p. 50) et l'assassine d'un coup de couteau.

Écœuré, Étienne aide Jeanlin à cacher le cadavre. À cinq heures, il assiste à la descente des Belges au fond du puits et prévient ses camarades. Il croit apercevoir Catherine. Chassée par Chaval, elle a erré toute la nuit.

Chapitre 5. *Au Voreux, lundi matin, 15 février.*

Les grévistes veulent empêcher les Belges de descendre dans le puits, mais soixante soldats gardent l'entrée de la mine. Les mineurs s'arrêtent, devant le cadavre de Trompette, que l'on vient de remonter : le malheureux n'a jamais pu s'habituer à la mine (*cf.* plus haut, p. 17); puis ils repartent au cri de «À mort, les Borains !» (Borains = Belges). Étienne tente de rallier l'armée à leur cause mais en vain. Les mineurs insultent les soldats qui arrêtent trois hommes. Les femmes commencent alors une bataille à coups de briques. Les soldats tirent dans la foule. Bébert, Lydie, la Mouquette, Maheu sont tués. C'est la débandade. Étienne et Catherine restent seuls au milieu des morts et des blessés.

▬▬▬▬ SEPTIÈME PARTIE : REPRISE DU TRAVAIL

Chapitre 1. *Le coron, puis la Piolaine, deuxième quinzaine de février.*

Après ce massacre (vingt-cinq blessés et quatorze morts), trois régisseurs arrivent de Paris. Ils font congédier les Belges et les soldats, décrètent la réouverture des fosses et assurent les mineurs de leur bonne volonté. Chez les Maheu, c'est l'accablement. Les enfants ont faim, le vieux Bonnemort reste cloué sur sa chaise, hébété. Catherine qui est rentrée veut reprendre le travail. La Maheude s'y oppose et s'en prend à Étienne qui est en butte aux insultes de tous.

Ce même jour, un grand dîner a lieu à la Piolaine : on fête dans l'allégresse les fiançailles de Cécile et de Négrel. Seul Deneulin est triste : il a dû vendre sa fosse à la Compagnie de Montsou.

Chapitre 2. *La campagne, le Voreux, la maison des Maheu, nuit du dimanche 21 février à lundi après-midi.*

Étienne fuit le coron le dimanche à la tombée de la nuit. Il marche dans la campagne et rencontre Souvarine qui rêve plus que jamais d'extermination générale. Ce dernier évoque la mort de sa femme, sa pendaison après un attentat. Puis il prend congé d'Étienne et lui annonce qu'il quitte la région. Les deux hommes se séparent. À minuit, Souvarine descend secrètement par les échelles dans le puits du Voreux. À trois cent soixante-quatorze mètres de fond, il sabote le cuvelage*, déjà bien détérioré par le manque d'entretien. Il est trois heures. Chez les Maheu, Étienne est réveillé par Catherine qui veut retourner au travail et décide de l'accompagner. Il rencontre en chemin Souvarine qui n'est pas encore parti et qui lui ordonne de ne pas descendre, mais lorsqu'il voit que Catherine est avec lui, il le laisse aller.

Chapitre 3. *Le Voreux, lundi 22, de 4 heures à 17 heures.*

À quatre heures, de nombreux mineurs se présentent au travail. Étienne et Catherine descendent dans le même groupe que Chaval. Très vite, on constate le mauvais état du cuvelage* : l'eau commence à ruisseler sur les parois. Les ouvriers sont chargés d'effectuer des travaux de réparation. L'équipe d'Étienne est affectée à l'extrémité d'une galerie. Soudain, Catherine découvre que tous les mineurs qui travaillaient dans les galeries voisines sont partis. Ils se sont précipités vers les ascenseurs et une centaine d'hommes se bousculent pour monter. Tout à coup, le cuvelage s'écroule; l'eau jaillit de partout. Négrel descend dans le puits et constate le sabotage. À la surface, la foule angoissée a appris l'éboulement et l'inondation. On entend alors la terre trembler : les bâtiments s'effondrent sous les yeux horrifiés de tous. Le Voreux tout entier sombre dans les eaux. Un peu plus loin, Souvarine qui a observé la scène, se lève et disparaît dans la nuit.

Chapitre 4. *La fosse de Réquillart, chez les Maheu, les quinze jours suivants.*

Après la catastrophe, M. Hennebeau reste en place et reçoit la Légion d'honneur. Dansaert, le maître-porion* est renvoyé, il est accusé d'avoir abandonné ses hommes. Deneulin, nouvel ingénieur de la Compagnie, fait procéder à des travaux de réparation. Cependant, on continue avec fièvre à rechercher d'éventuels survivants : quinze hommes n'ont pu se sauver. On descend par la vieille fosse de Réquillart et l'on guette le moindre bruit. Le troisième jour, Zacharie perçoit des sons très lointains. On se met au travail pour abattre une paroi de cinquante mètres. Les jours passent à creuser dans la houille dure; mais le grisou* menace, et c'est l'explosion. Plusieurs mineurs sont brûlés, Zacharie est calciné. Les travaux commencés depuis douze jours reprennent, mais on n'entend plus rien de l'autre côté de la paroi. Les Hennebeau, les Grégoire et les Deneulin viennent en curieux voir l'effet du désastre. Jeanne Deneulin prend des croquis, inspirée par l'horreur du motif. Les Grégoire se rendent ensuite chez les Maheu pour leur apporter quelques paquets. Bonnemort est là, seul, hébété. Pendant que les Grégoire vont un instant chez la Levaque, la voisine, Cécile reste seule avec Bonnemort. Peu après, ils découvrent leur fille morte, étranglée par le vieillard. Les Grégoire sont effondrés.

Chapitre 5. *Retour en arrière. Au fond de la mine, la même quinzaine.*

Les mineurs restés au fond hurlent de terreur, ils ont de l'eau jusqu'au ventre et tentent de se sauver par Réquillart. Ils se perdent dans les galeries. Catherine et

Étienne entendent soudain un bruit de course effrénée : c'est le vieux cheval Bataille qui arrive devant eux, il se casse les deux jambes de devant et meurt après une effroyable agonie, recouvert par l'eau. Étienne et Catherine s'enfuient et se retrouvent auprès de Chaval bloqué par un éboulement. Ce dernier nargue Étienne qui le tue. Affaiblis par la faim, les jambes dans l'eau, les deux jeunes gens se blottissent l'un contre l'autre. Ils s'étreignent et goûtent au bonheur, sur ce lit de boue. Mais aussitôt après, Catherine meurt, épuisée. Deux jours plus tard, Étienne est délivré.

Chapitre 6. *La fosse Jean-Bart, puis la campagne, six semaines après, en avril, au petit matin.*

Étienne a passé six semaines à Montsou dans un lit d'hôpital. Maintenant guéri, il décide de partir pour Paris. Par un beau matin de printemps, il traverse la campagne. Les mineurs ont repris le travail, acceptant la baisse de salaire. La Maheude, elle aussi, a rejoint les rangs pour un salaire de misère. Étienne se met en marche, le cœur léger. Le soleil se lève à l'horizon. À Paris, il continuera le combat. Sous ses pieds, des hommes travaillent sans relâche, mais il sait désormais que de la terre germeront les révoltes futures.

3 Élaboration de Germinal

■ UN PROJET ROMANESQUE : « LES ROUGON-MACQUART »

Naissance d'un projet

Zola rêve de rivaliser avec Balzac, dont il est un admirateur : il voudrait écrire une œuvre digne de la *Comédie humaine*, mais qui s'en démarquerait toutefois par certains aspects. C'est alors qu'il forme un vaste projet : réaliser une série romanesque retraçant l'histoire, sur plusieurs générations, de toute une famille aux origines modestes : *Les Rougon-Macquart*. Les romans auraient pour toile de fond historique les années du Second Empire (1852-1870) et dresseraient la fresque d'une époque entière, celle d'une fin de siècle, en pleine mutation économique et sociale. En effet, avec l'apparition du machinisme et les progrès des technologies, s'ouvre une ère nouvelle, caractérisée par le développement industriel et l'extension de la classe ouvrière.

Une esthétique nouvelle : le naturalisme

Ce qui fait principalement l'originalité de Zola, c'est sa volonté de réaliser un roman à caractère scientifique. Zola est en effet séduit par la thèse, très répandue à l'époque selon laquelle les comportements humains sont régis par des lois scientifiques et entièrement déterminés par l'hérédité et l'influence du milieu. Zola entend illustrer ce principe dans ses romans : il assigne à un personnage un certain nombre de facteurs héréditaires (par exemple, l'alcoolisme), et fait évoluer ce personnage dans un milieu particulier (par exemple, en milieu ouvrier). En véritable expérimentateur, il prétend suivre ses agissements et analyser ses réactions.

La méthode du romancier se rapproche de celle du naturalisme scientifique. Zola élabore ainsi une esthétique nouvelle qu'il appelle «naturalisme» et qu'il définit comme «la formule de la science moderne appliquée à la littérature» (Le Roman expérimental).

Un cycle de vingt romans (1869-1893)

À partir de février 1869, Zola s'attelle donc à la rédaction de son œuvre qu'il intitule : Les Rougon-Macquart, histoire naturelle et sociale d'une famille sous le Second Empire.

Pour que jouent les lois biologiques, Zola choisit l'histoire d'une famille, les Rougon-Macquart, dont les membres sont marqués par une hérédité névrotique et alcoolique. Zola les place et les suit dans les milieux les plus divers : Halles, maraîchers et boutiquiers (Le Ventre de Paris, 1873); haute prostitution (Nana, 1880); grands magasins (Au Bonheur des Dames, 1883); mine (Germinal, 1885) ; paysannerie (La Terre, 1887); voies ferrées (La Bête humaine, 1890), etc. Chaque épisode fait l'objet d'un roman qui forme une histoire complète, mais d'un ouvrage à l'autre réapparaîtront souvent les mêmes personnages.

Zola mettra vingt-quatre années à rédiger les vingt ouvrages qui constituent la série. En 1869, il commence à écrire La Fortune des Rougon, premier roman du cycle, paru en 1871. Il achève son œuvre en 1893 avec Le Docteur Pascal.

■■■■■ NAISSANCE DE «GERMINAL»

«Germinal» : un roman ouvrier

Après le succès de L'Assommoir (1877), qui met en scène un couple d'ouvriers parisiens ravagés par l'alcoolisme, Zola envisage d'écrire un second roman ouvrier, plus principalement axé sur la lutte sociale : «Ce n'est qu'au moment de L'Assommoir que, ne pouvant mettre dans ce livre l'étude du rôle politique et surtout social de l'ouvrier, je pris la résolution de réserver cette matière pour en faire un autre roman» (lettre à Van Santen Kolff, le 6 octobre 1889).

Le mouvement ouvrier, réprimé après la Commune (*cf.* p. 9), reprend son essor après la chute de Mac-Mahon et l'instauration définitive de la république. En 1881, sont votées les lois sur la liberté de réunion et la liberté de la presse. Les syndicats s'organisent et les mouvements socialistes se développent. Zola suit de près cette évolution et l'on retrouvera dans *Germinal*, incarnées dans les personnages, les grandes tendances du socialisme de l'époque (*cf.* plus loin, p. 39, 57).

« Germinal » : un roman de la mine

Le charbon, à l'époque de Zola, est la source d'énergie essentielle. Les bassins houillers font l'objet d'une exploitation acharnée, et pour accroître les rendements, les ouvriers sont soumis, dans des conditions pénibles, à un rythme de travail épuisant.

● Crise économique et chômage

Par ailleurs, les crises économiques qui secouent la France dans les années 1870 ne font qu'aggraver une situation déjà précaire : la misère des mineurs se fait pressante, les salaires sont au plus bas, le chômage sévit. Des grèves éclatent donc en pays minier au Nord de la France : en 1878 à Anzin, en 1880 à Denain, en 1882 à Montceau-les-Mines, en 1884 à nouveau à Anzin.

● La mine : un thème littéraire

La mine est devenue un thème littéraire et a déjà inspiré plusieurs romanciers : Hector Malot, dans *Sans Famille* (1878), évoque une catastrophe minière ; Paul Hauzy dans ses nouvelles, *Un coin de la vie de misère* (1878), raconte les amours d'un jeune mineur amoureux d'une cribleuse*, Catherine ; Maurice Taylmer, auteur de *Grisou* (1880), met en scène une grève ; Yves Guyot, ami de Zola, auteur de *Scènes de l'Enfer social* (1882), présente la misère des mineurs et leur révolte. Zola imagine le parti qu'il pourrait lui-même tirer d'un roman sur le pays noir : la mine lui offrirait un cadre romanesque pittoresque et symbolique, prétexte à l'évocation de scènes dramatiques et au développement de ses thèmes de prédilection.

Tel était le projet de Zola, projet qui se concrétisa à la suite de deux événements : sa rencontre avec Alfred Giard et la grève d'Anzin.

● Les mines du Nord en grève

Durant l'été 1883, il rencontre en effet le député socialiste de Valenciennes, Alfred Giard, qui évoque avec lui les problèmes de la région et qui le pousse à écrire un roman sur la mine. Peu après, en février 1884, une grève importante éclate à Anzin. Zola est décidé : il situera son roman dans un bassin minier du Nord de la France.

Il écrit donc *Germinal* entre le 2 avril 1884 et le 23 janvier 1885. Le roman est dans un premier temps publié en feuilleton dans le quotidien le *Gil Blas*, du 26 novembre 1884 au 25 février 1885. Il paraît ensuite en librairie le 21 mars 1885.

■■■■ LA MÉTHODE
DE TRAVAIL DE ZOLA

Nous disposons sur la préparation et l'élaboration du roman, de renseignements précis : le « dossier *Germinal* ». Il comporte 962 feuillets constitués de notes de lecture, d'informations diverses sur la mine. Dans ce dossier figure également ce que Zola appelle l'« Ébauche » : jour après jour, il y définit ses intentions, arrête le sujet et les péripéties de l'intrigue, note les épisodes auxquels il songe, fixe le nombre des personnages, esquisse leurs caractères, et parfois remet tout en question.

À l'aide de ces informations, on peut définir la méthode de travail de Zola et tenter de retrouver sa démarche créatrice. Le romancier naturaliste assigne au roman un rôle documentaire : Zola s'appuiera donc sur une abondante documentation. Les documents amassés nourrissent l'imaginaire de l'écrivain et le processus de création romanesque se met en route.

La documentation de Zola

● Sources livresques

Zola a lu de nombreux livres ayant trait à la géographie et à la géologie du Bassin minier, à la condition sociale et au mode de vie des ouvriers, à l'économie politique et au problème des crises, enfin au socialisme et au syndicalisme entre 1860 et 1880.

Zola s'est essentiellement servi de quatre ouvrages[1] : *La Vie souterraine* (1867), de Louis-Laurent Simonin, est un ouvrage surtout technique, mais jalonné de détails pris sur le vif : travail des petites filles, superstitions des mineurs, remontée du charbon dans les hottes sur d'interminables échelles en Écosse au XVIIIᵉ siècle, récits d'accidents ; même, une gravure sur bois représente la descente d'un cheval dans un puits.

Le Bassin houiller de Valenciennes par Dormoy – autre ingénieur – contient une étude de la disposition des couches de terrain et des veines de charbon, et traite des nappes d'eau souterraines. En plus des précisions techniques, l'ouvrage explique le mode de calcul des salaires et rappelle l'histoire de la Compagnie des mines d'Anzin.

Guyot, l'auteur de *L'Enfer social* [2], écrit aussi en 1881 un ouvrage d'économie politique : *La Science économique*. Il y analyse le mécanisme des échanges, les rythmes de la production et de la consommation. Il explique l'origine des crises non par une surproduction mais par l'immobilisation des capitaux dans des investissements qui ne sont pas une source immédiate de biens de consommation (chemins de fer, ports, canaux...) : c'est précisément la thèse de Deneulin dans *Germinal* (II, 1, p. 129 ; IV, 1, p. 257-258).

Enfin, Zola a beaucoup retenu de l'ouvrage d'un médecin belge, H. Boens-Boisseau : *Maladies, accidents et difformités des houilleurs* [3].

En plus de ces quatre ouvrages, Zola consulte, entre autres, la *Gazette des Tribunaux* où il trouve publiés des récits de grèves dans les comptes-rendus d'audience des procès intentés aux responsables syndicaux.

● **L'enquête sur le terrain**

Une grève importante éclate à Anzin le 19 février 1884 : douze mille mineurs cessent le travail. Elle durera jusqu'au

---

1. Voir l'étude d'Ida Marie Frandon, *Autour de «Germinal»* (1955).
2. Zola a également un entretien avec Guyot en janvier 1884.
3. Étienne (Germinal, III, 3, p. 215) s'exalte à la lecture d'«un livre de médecine, *L'Hygiène du Mineur*, où un docteur belge avait résumé les maux dont se meurt le peuple des houillères» ; il lit aussi «des traités d'économie politique d'une aridité technique incompréhensible...»

17 avril. Zola se rend sur place. Il descend dans les galeries et les puits, il visite les habitations des mineurs, observe leurs mœurs. Il s'imprègne de tout ce qu'il voit, emmagasine des sensations et prend de nombreuses notes qu'il consigne dans un dossier intitulé : « Mes notes sur Anzin ».

La démarche créatrice

Zola ne livre pas les documents qu'il a amassés à l'état brut. Il opère un choix en fonction de son projet romanesque, ne retenant les précisions techniques, les théories économiques, les idées socialistes que dans la mesure où elles peuvent être utilisées dans son roman.

Il adapte les informations recueillies afin de mieux les insérer dans la trame narrative ; on trouve ainsi quelques inexactitudes dans le roman. Par exemple, la Première Internationale, créée effectivement en 1864, ne compte en 1866 que 500 adhérents ; le nihilisme qui se manifeste en Russie dès 1860 n'a pas en France, en 1866, l'importance que lui accorde Zola.

Enfin, il cherche à obtenir un effet dramatique. Il saisit, dans un renseignement, les virtualités romanesques : ainsi, de la géographie, il retient l'existence d'eaux souterraines pour parler « d'immenses nappes d'eau », de « mer insondable », de « vagues profondes et obscures battant les parois de la veine... » ; il suggère une menace diluvienne, l'action d'une force cosmique.

Les documents viennent souvent après coup authentifier une image, une idée ; ils donnent corps à la rêverie, ils alimentent l'imagination créatrice. « Il y a deux choses dans une œuvre telle que je la comprends, écrit Zola dans *Le Matin* du 7 mars 1885 : il y a les documents et la création. » Zola fait avant tout œuvre de romancier ; sous une apparente objectivité, il impose sa propre vision des choses.

4 Les personnages

■ ÉLABORATION DES PERSONNAGES

Les grands romans du XIXᵉ siècle mettent en scène des personnages exceptionnels qui marquent l'action de leur empreinte. Zola n'adopte pas la même démarche : dans *Germinal*, les individus réalisent un dessein qui les dépasse, ils sont avant tout des fonctions. Certains figurent des types et servent à illustrer des thèses. Il est intéressant à ce propos de se référer au dossier préparatoire de *Germinal* (*cf*. plus haut, p. 34). Zola après avoir défini le sujet de son livre, précisé les thèmes, imaginé les scènes, et indiqué la progression dramatique, ajoute : « Voilà la carcasse en grand. Seulement, il faut mettre là-dedans les personnages et les faire agir [...] tous les caractères sont à trouver. »

Au total, le roman contient une cinquantaine de personnages, tous impliqués dans une même situation. Ils représentent toutes les formes et toutes les nuances de comportement possibles face à la grève ; ils incarnent aussi toutes les passions humaines. Chacun d'eux est déterminé par son tempérament, son âge, sa condition. Zola met en lumière la lutte sociale en construisant son roman autour de l'opposition entre bourgeois et ouvriers.

Toutefois, il se garde d'idéaliser la classe ouvrière ; de même, il ne souhaite pas rendre les bourgeois systématiquement odieux. En fait, tous ne figurent que les rouages d'un système que Zola condamne, celui du capitalisme tel qu'il était pratiqué à la fin du XIXᵉ siècle, sans freins et sans lois sociales.

■■■■■ LES MINEURS

Étienne Lantier

• Origines et portrait physique

C'est avec lui que s'ouvre et se ferme le livre. La première partie de son existence est évoquée dans deux autres romans de Zola, *La Fortune des Rougon* (1871) et *L'Assommoir* (1877).

Né en 1846, il est le fils de Gervaise Macquart et de son amant, Auguste Lantier, ouvrier tanneur à Plassans (dans le Midi). Mais Gervaise, abandonnée par Lantier, épouse Coupeau, un ouvrier zingueur, qui maltraite souvent l'enfant. Étienne, dès l'âge de douze ans, travaille comme apprenti dans une fabrique de boulons. Par la suite, il est envoyé à Lille et devient mécanicien.

Au début de *Germinal*, Étienne a vingt et un ans. Il erre depuis huit jours sur les routes du Nord, à la recherche d'un travail. Il vient de Lille, où il était employé comme mécanicien aux ateliers du chemin de fer, mais il a été renvoyé pour avoir giflé son chef.

Physiquement, Étienne est un garçon «très brun, joli homme, l'air fort malgré ses membres menus» (p. 57). Par son type méridional, il diffère de ses camarades. Catherine le trouve «joli, avec son visage fin et ses moustaches noires» (p. 92).

• Une hérédité chargée

Mais Étienne est possédé d'un mal héréditaire : dernier enfant d'une race d'alcooliques, il souffre «dans sa chair de toute cette ascendance trempée et détraquée d'alcool» (p. 93). Il peut devenir méchant et même avoir envie de tuer quand il boit. «Quand je bois, cela me rend fou» dit-il à Catherine (p. 93). C'est ainsi qu'il a giflé son chef, après avoir bu. Zola s'est en effet proposé d'illustrer dans la série des *Rougon-Macquart* la théorie des lois de l'hérédité : il avait prévu de mettre chez Étienne cette névrose familiale qui peut dégénérer en folie homicide. Mais finalement, dans *Germinal*, ce trait sera peu marqué. Il n'apparaît guère que dans l'altercation d'Étienne avec son chef ou dans ses affrontements avec Chaval. Le besoin de tuer surgit périodiquement en lui, mais il réussit à chaque fois à se vaincre ; ainsi lors d'une rixe violente avec Chaval à l'*Avantage*, Étienne ressent

« une brusque folie du meurtre, un besoin de goûter au sang [...]. Et il lutte contre le mal héréditaire (p. 465). Lorsqu'il tue son rival, c'est dans un contexte de légitime défense.

● **Un amoureux timide**

Étienne est un jeune homme timide, renfermé, qui n'a guère l'expérience des femmes. Aussi se montre-t-il très réservé face à Catherine, par qui il se sent profondément attiré mais il se laisse devancer par Chaval. Lorsqu'il loge chez les Maheu, il lui faut vivre avec Catherine une intimité de chaque minute. Le trouble des jeunes gens se fait pressant. Pourtant, Étienne qui sait que Catherine l'attend dans son lit, ne la rejoint pas : « Plus ils vivaient côte à côte, et plus une barrière s'élevait, des hontes, des répugnances, des délicatesses d'amitié, qu'ils n'auraient pu expliquer eux-mêmes » (p. 224). Et c'est au fond de la mine inondée qu'il la possédera avant qu'elle n'expire (p. 573).

● **Un ouvrier consciencieux**

Étienne est d'abord employé comme herscheur* (cf. plus haut, p. 16). Le travail est dur, mais il s'accommode au rythme de la mine. « Au bout de trois semaines, on le citait parmi les bons herscheurs de la fosse » (p. 186). Finalement, on lui propose un emploi de haveur*, c'est ainsi qu'il entre dans l'équipe de Maheu.

● **Un militant révolutionnaire**

Il se lance à corps perdu dans l'action révolutionnaire, révolté par la misère et la résignation de ses camarades. L'emportant sur les autres mineurs par son intelligence, son courage et sa personnalité, il devient leur chef. Il correspond avec son ancien contremaître Pluchart, secrétaire de la Fédération du Nord, qui le pousse à créer une section de l'Internationale à Montsou. La Première Internationale des travailleurs venait de se créer à Londres en 1864. Les travailleurs du monde entier pourraient désormais s'unir. Au niveau national, on distinguait « la section, qui représente la commune ; puis, la fédération, qui groupe les sections d'une même province ; puis la nation [...] » (p. 192).

Étienne se met à lire, sans méthode, des journaux engagés, diverses brochures ou traités d'économie politique, un livre de médecine (p. 215). Il endoctrine les Maheu et révolutionne peu à peu le coron : tous l'écoutent, espérant dans leur vie « une trouée de lumière » (p. 219). Il prophétise une société future idéale, de nature communiste, reposant sur l'abolition de la propriété privée des moyens de production : « Étienne chevauchait sa question favorite, l'attribution des instruments de travail à la collectivité » (p. 338). Le peuple prendrait le pouvoir, quitte à payer sa liberté par le sang et la violence : « et ni le feu, et ni le sang ne lui coûtaient » (p. 339). Étienne devient donc le meneur, le chef incontesté ; mais il se laisse déborder par la fureur des grévistes. Finalement, la grève a échoué. Étienne repart comme il était venu, un matin d'avril.

Lui qui a longtemps cru que la violence révolutionnaire était un moyen de changer le monde, envisage à la fin du roman des solutions plus pacifiques : l'action syndicale, organisée et bien maîtrisée pourrait permettre aux ouvriers de connaître le triomphe légalisé. Le cœur léger malgré l'échec, il sait que rien ne sera plus jamais comme avant : les germes de la révolte seront récoltés dans les siècles futurs.

L'aventure d'Étienne est une formation personnelle : il apprend un métier, il découvre la passion, il se forme comme militant ouvrier et symbolise la prise de conscience de toute une classe, la classe ouvrière. Il donne à *Germinal* la structure d'un roman d'apprentissage.

Les Maheu

Ils travaillent dans la mine depuis cinq générations et représentent la famille type des mineurs.

● **Guillaume Maheu**, l'aïeul. Il a découvert la veine qui porte son nom. Il est mort de vieillesse à soixante ans (p. 57).

● **Nicolas Maheu**, son fils, mort à quarante ans dans un éboulement (p. 57).

● **Vincent Maheu**, dit Bonnemort. Son surnom lui vient de ce qu'il a réchappé à trois accidents de la mine (p. 55). Il travaille au Voreux depuis l'âge de huit ans : « Hein ? c'est joli, cinquante ans de mine, dont quarante-cinq au fond ! » (p. 56). Il y a fait toutes les tâches. Depuis cinq ans, on l'a retiré du fond car ses jambes ont du mal à le soutenir. Il est devenu charretier et travaille de nuit. Son aspect physique est inquiétant : il a une « grosse tête, aux cheveux blancs et rares, à la face plate, d'une pâleur livide, maculée de taches bleuâtres » (p. 55). Mais surtout, il est atteint d'une maladie grave, la silicose, qui touche les ouvriers des mines. Bonnemort ne cesse de tousser et de cracher : « Un violent accès de toux l'étranglait. Enfin, il cracha, et son crachat, sur le sol empourpré, laissa une tache noire » (p. 51). Bonnemort figure l'image des ravages que la mine peut exercer sur un homme.

L'échec de la grève, la mort des siens, précipitent sa fin. Il passe ses journées, hébété, paralysé, et, poussé par on ne sait quel instinct, il étrangle, de ses mains noires, Cécile Grégoire venue lui apporter des chaussures.

● **Toussaint Maheu**, âgé de quarante-deux ans, il est haveur*. Il est l'époux de Constance Maheu, dit la Maheude. C'est un bon ouvrier, consciencieux, qui travaille dans des conditions très difficiles : sous une température de 35°, couché sur le flanc, dans un espace réduit et sans air, il doit détacher les blocs de houille... « La roche, au-dessus de lui, à quelques centimètres de son visage, ruisselait d'eau » (p. 86). Brisé de fatigue, il se laisse progressivement gagner par la colère.

● **La Maheude**[1], épouse de Toussaint Maheu, « d'une beauté lourde, déjà déformée à trente-neuf ans par sa vie de misère et les sept enfants qu'elle avait eus » (p. 65). Foncièrement bonne, raisonnable et prudente, elle incarne la prise de conscience progressive des mineurs. D'abord hostile à la grève, elle se laisse aller à espérer en un monde meilleur. Elle prend la tête du cortège des grévistes, « avec des yeux ensauvagés » (p. 383) et pousse son mari à jeter des briques aux soldats qui gardent la fosse. Elle se résigne à nouveau, alors que tout est détruit autour d'elle, à reprendre un travail harassant, « l'échine cassée » (p. 587).

---

1. Les épouses des mineurs reçoivent le nom de famille de leur mari féminisé par la dérivation suffixale (Maheu, Maheude ; Pierron, Pierronne), et précédé de l'article féminin. Cette appellation peut être considérée comme une marque de subordination de la femme à l'homme et reflète un contexte social, celui du monde ouvrier.

Les sept enfants Maheu

● **Zacharie**, vingt et un ans, « maigre, dégingandé, la figure longue, salie de quelques rares poils de barbe, avec les cheveux jaunes et la pâleur anémique de toute la famille » (p. 62). il est haveur*. Il épousera Philomène Levaque, dont il a deux enfants, Achille et Désirée. Il n'aime guère le travail et se montre peu motivé par la grève, mais quand Catherine est ensevelie dans le Voreux, il n'a de cesse de la retrouver : « Zacharie ne vivait plus, aurait mangé la terre pour retrouver sa sœur » (p. 541). Il périt brûlé à la suite d'un coup de grisou.

● **Catherine**, quinze ans, est une jeune fille fluette aux cheveux roux et au teint pâle. Le teint blême de son visage était « déjà gâté par les continuels lavages au savon noir » (p. 61). Elle a de grands yeux « d'une limpidité verdâtre d'eau de source, et dont le visage noir creusait encore le cristal » (p. 114). Courageuse, elle se lève à quatre heures du matin pour préparer le maigre déjeuner de la famille. Arrivée à la mine, elle pousse sa berline dont le poids atteint sept cents kilogrammes : « Elle suait, haletait, craquait des jointures, mais sans une plainte [...] (p. 90). Elle est la maîtresse de Chaval qui la brutalise, mais à qui elle reste fidèle : « c'était son homme, celui qui l'avait eue le premier » (p. 387). Attirée par Étienne elle refoule son amour pour lui.

● **Jeanlin**, onze ans. Petit, aux membres grêles, il a une face de « singe blafard et crépu » (p. 63), des « yeux verts », de « larges oreilles » (p. 472). Il exerce le métier de galibot*. Malicieux, rusé et brutal, c'est un « brigand d'enfant » à l'« échine de fouine, longue et désossée » (p. 471), toujours à la recherche de ce qu'il « pourrait faire de mal » (p. 379). Il exerce sa domination sur Lydie et Bébert qu'il menace et brutalise, volant Lydie résignée à Bébert. Victime d'un éboulement dans la mine, il conserve ses jambes, mais reste boiteux et « il fallait le voir filer d'un train de canard, [...] avec son adresse de bête malfaisante et voleuse » (p. 319). Il martyrise Pologne, la lapine des Rasseneur et tue d'un coup de couteau le petit soldat breton, chargé de garder la fosse. Souvent désigné par des métaphores animales (singe, fouine, canard, chat sauvage), Jeanlin représente l'enfance dégénérée, produit de la misère (p. 239).

- **Alzire**, la petite infirme bossue, « si chétive pour ses neuf ans » (p. 61). D'une intelligence précoce, elle aide sa mère et s'occupe de ses petits frères et sœurs. Elle meurt de faim dans une tragique agonie (p. 455).

- **Lénore**, six ans, **Henri**, quatre ans, **Estelle**, trois mois.

Les Levaque

- **Jérôme Levaque** est haveur* avec Maheu. Coureur, buveur, il bat sa femme.

- **La Levaque,** sa femme a quarante et un ans. Elle est sale, « affreuse, usée, la gorge sur le ventre et le ventre sur les cuisses » (p. 152). Elle est la maîtresse de leur logeur Bouteloup.

- **Philomène,** leur fille aînée, « mince et pâle, d'une figure moutonnière de fille crachant le sang » (p. 112). Elle est la maîtresse de Zacharie dont elle a deux enfants.

- **Bébert,** leur fils, « gros garçon naïf » (p. 76) âgé de douze ans, est galibot*. Il s'est pris d'affection pour Lydie Pierron, mais celle-ci est convoitée par Jeanlin qui joue au chef de bande. Soumis à Jeanlin, Bébert n'ose lui résister.

- **Bouteloup, «** gros garçon brun de trente-cinq ans » (p. 114), loge chez les Levaque et est l'amant de la Levaque.

Les Pierron

- **François Pierron**, chargeur* à l'accrochage*, est veuf et père de Lydie. Il est marié à la Pierronne et ferme les yeux, par intérêt, sur les infidélités de sa femme avec le maître-porion* Dansaert. Lors de la grève, alors que tout le coron est affamé, il feint d'être malade, s'enferme chez lui et se gave de lapin avec sa femme (p. 315).

- **La Pierronne** est la fille de la Brûlé. Agée de vingt-huit ans, « elle passait pour la plus jolie femme du coron, brune, le front bas, les yeux grands, la bouche étroite ; et coquette avec ça [...] » (p. 148). Sa maison est toujours bien tenue, et elle est autorisée par la Compagnie à vendre des bonbons et des biscuits. Elle est la maîtresse de Dansaert, ce dont elle tire des avantages.

● **Lydie**, fille de Pierron, « chétive fillette de dix ans » (p. 76), est « une galopine » (p. 90) qui en sait déjà long sur la vie. Elle est herscheuse* et pousse sa berline* « éreintée, boueuse, raidissant les bras et ses jambes d'insecte, pareille à une maigre fourmi noire en lutte contre un fardeau trop lourd » (p. 103). Elle subit les assauts de Jeanlin et éprouve devant lui « une peur et une tendresse de petite femme battue » (p. 173).

● **La Brûlé**, surnom donné à la mère de la Pierronne, vieille femme à l'allure de sorcière « terrible avec ses yeux de chat-huant et sa bouche serrée comme la bourse d'un avare » (p. 113). Elle est la veuve d'un haveur* mort à la mine. Lors de la grève, afin de rendre le travail impossible, elle appelle à vider les chaudières qui actionnent les générateurs : « Aux chaudières ! hurlait la Brûlé. Éteignons les feux ! » (p. 377). Acharnée, elle lance la première les briques sur les soldats qui gardent les fosses. Elle s'écroule sous les fusillades, « craquante comme un fagot de bois sec » (p. 492).

Chaval

« Un grand maigre de vingt-cinq ans, osseux » (p. 84). « Ses moustaches et sa barbiche rouges flambaient dans son visage noir, au grand nez en bec d'aigle » (p. 96). Arrivé depuis six mois du Pas-de-Calais, il est haveur*. Par un baiser brutal, il s'approprie Catherine sous le regard d'Étienne et dès ce moment les deux hommes ne cesseront de s'opposer. Il est avant tout un ambitieux et n'agit qu'en fonction de ses intérêts. Il est prêt à reprendre le travail lorsque Deneulin lui fait entrevoir une place de porion*. Il dénonce aux gendarmes ses camarades grévistes devenus émeutiers. Il a une dernière altercation, qui lui sera fatale, avec Étienne, au fond de la mine inondée. Alors que Catherine et Étienne, blottis l'un contre l'autre, sont enfin seuls, le cadavre de Chaval, ramené par le courant, ne cesse de revenir contre eux.

Les Mouque

● **Le père Mouque** est palefrenier ; il est âgé de cinquante ans, « court, chauve, ravagé, mais resté gros quand même » (p. 106). Il vit avec son fils le Mouquet et sa fille dans les ruines de Réquillart, vieille fosse désaffectée.

● **La Mouquette**, une herscheuse* de dix-huit ans, « bonne fille dont la gorge et le derrière énormes crevaient la veste et la culotte » (p. 75). Elle aime les hommes : « au milieu des blés en été, contre un mur en hiver, elle se donnait du plaisir, en compagnie de son amoureux de la semaine » (p. 75).

■■■■ LES POLITIQUES

Étienne

(*cf.* voir plus haut, p. 38 : un militant révolutionnaire).

Souvarine

Machineur* au Voreux, il est logé chez Rasseneur dans la chambre voisine d'Étienne. « Il devait avoir une trentaine d'années, mince, blond, avec une figure fine, encadrée de grands cheveux et d'un barbe légère » (p. 189). Ses yeux gris acier ont un reflet inquiétant. Né en Russie, issu d'une famille aristocratique, il s'est déclassé et s'est laissé emporter par l'action révolutionnaire. Renié par sa famille, devenu anarchiste, il a quitté son pays et a réussi à se faire engager à Montsou. Disciple de Bakounine (1814-1876), révolutionnaire russe, théoricien de l'anarchie, il n'a qu'un mot d'ordre : destruction. « Allumez le feu aux quatre coins des villes, fauchez les peuples, rasez tout, et quand il ne restera plus rien de ce monde pourri, peut-être en repoussera-t-il un meilleur » (p. 192). Il hausse les épaules devant les espérances socialistes, ne croyant en rien, ni aux effets de la grève, ni aux améliorations de salaire, méprisant ces ouvriers qui ne rêvent que de devenir bourgeois. Pris par la fureur de la destruction, il provoque une catastrophe meurtrière : en pleine nuit, il sabote le cuvelage de la fosse (« ces pièces de charpente jointes entre elles comme les douves d'un tonneau », p. 513) qui retient les masses d'eau séjournant sous terre en nappes immenses. Au matin, le torrent envahit la mine, le beffroi* du Voreux s'écroule, les malheureux mineurs agonisent au fond. Souvarine, qui a assisté de loin à la catastrophe, jette sa dernière cigarette et s'éloigne « sans un regard en arrière, dans la nuit devenue noire » (p. 536). Il prend à la fin du livre une dimension mythique. Il est le messager de l'extermination et c'est pourquoi il ne doit pas mourir.

Pluchart

À quarante ans, il est secrétaire de la Fédération du Nord de l'Association Internationale du travail. Il a été le contremaître d'Étienne à Lille et le pousse à rallier les mineurs de Montsou à l'Internationale. Il parle avec facilité et tente de placer ses idées. « Et ce fut ainsi que les dix mille charbonniers de Montsou devinrent membres de l'Internationale » (p. 303). Après l'échec de la grève, Pluchart change de terrain et se rend à Paris.

Rasseneur

C'est « un gros homme de trente-huit ans, rasé, la figure ronde », « ancien haveur que la Compagnie avait congédié depuis trois ans, à la suite d'une grève » (p. 115). Il est cabaretier et tient avec sa femme le débit de boisson du nom de l'*Avantage* à la sortie du Voreux. Il est devenu le chef des mécontents et défend des idées modérées : il est le représentant du « possibilisme » : « le parti le plus sage [...] c'était [...] d'exiger les réformes possibles » (p. 290). Il proscrit toute violence et toute précipitation.

■■■■■ LES PORIONS*

Dansaert

Maître-porion, c'est « un Belge à face épaisse, au gros nez sensuel » (p. 100). Il a pour maîtresse la Pierronne au vu et au su de tout le monde (p. 99).

Richomme

Porion* au Voreux, c'est « un gros à figure de bon gendarme, barrée de moustaches grises » (p. 71). Il se montre paternel, « en vieux mineur resté bon pour ses camarades » (p. 79). À la fin du roman, lors de l'affrontement entre les soldats chargés de maintenir l'ordre, et les mineurs grévistes, il tente de s'interposer et de calmer les ouvriers. Mais l'affrontement a lieu, il meurt, atteint d'une balle dans le dos (p. 492).

■■■■ LES COMMERÇANTS

Maigrat

Son nom est formé de l'alliance de deux termes opposés -maigre et gras- : les gras se nourrissent aux dépens des maigres.

Ancien surveillant au Voreux, il a ouvert à Montsou un commerce prospère situé à côté de la maison du directeur. Il y vend de tout. Il accorde quelques crédits, mais refuse toute prolongation. Il se laisse toutefois attendrir si un mineur lui envoie sa fille ou sa femme, « laides ou belles et pourvu qu'elles fussent complaisantes » (p. 138). Sa femme est « une créature chétive qui passait les journées sur un registre, sans même oser lever la tête » (p. 138). C'est sur Maigrat que se portera la colère des mineurs affamés.

■■■■ LES BOURGEOIS

Les Hennebeau

● **Philippe Hennebeau**, quarante-huit ans, est le directeur général des mines de Montsou. Il est salarié de la Compagnie qui est entièrement aux mains d'actionnaires. Issu d'une famille pauvre, orphelin, il a fait l'École des Mines pour devenir ingénieur. Il a épousé la fille d'un riche filateur d'Arras. Époux malheureux, trahi par sa femme qui le trompe avec son propre neveu Négrel, il connaît une autre forme de misère que celle des mineurs, la misère morale.

Il va même jusqu'à les envier lorsqu'il les voit, au cours de ses promenades, s'ébattre librement dans la campagne. Face à la grève, il ne prend aucune décision et laisse se gâter les choses. Après la destruction du Voreux, il dégage sa responsabilité et reçoit la Légion d'honneur.

● **Madame Hennebeau**, femme du directeur des mines de Montsou. Blonde, sensuelle, elle s'ennuie avec ce mari qu'elle méprise et qui ne gagne pas suffisamment d'argent. Elle se console avec des amants et le dernier en date n'est autre que le neveu de son mari, l'ingénieur Paul Négrel, fiancé à Cécile Grégoire. Elle ne manque pas de cynisme et ne montre aucune compassion à l'égard des mineurs : « Ah ! ils sont en grève, dit-elle tranquillement [...]. Eh bien, qu'est-ce que cela nous fait ?... Nous n'allons point cesser de manger, n'est-ce pas ? » (p. 250).

● **Paul Négrel,** neveu de M. Hennebeau, l'ingénieur de la fosse, « était un garçon de vingt-six ans, mince et joli, avec des cheveux frisés et des moustaches brunes. Son nez pointu, ses yeux vifs, lui donnaient un air de furet aimable » (p. 99). Élevé à Avignon par sa mère, une veuve de situation modeste, il a fait l'École polytechnique. Son oncle, M. Hennebeau l'a fait entrer comme ingénieur au Voreux. Il lui offre une chambre dans sa maison et le traite comme un enfant de la famille. Il devient l'amant de madame Hennebeau qui s'emploie par jeu à organiser ses fiançailles avec Cécile Grégoire. Dans son travail, il fait preuve de courage pour réduire au respect ses ouvriers. Vêtu comme eux, il n'hésite pas à affronter le danger des éboulements et des coups de grisou. Lors de la catastrophe qui affecte le Voreux, il met toute son énergie à retrouver des survivants.

Les Grégoire

● **Léon Grégoire**, âgé de soixante ans, est rentier, actionnaire de la Compagnie de Montsou. Il tire les bénéfices des placements effectués par son arrière-grand-père. La grève ne l'inquiète pas, il se refuse à admettre que la situation est grave. Il se donne bonne conscience en faisant quelques aumônes.

● **Madame Grégoire**, sa femme, âgée de cinquante-huit ans, est courte et grasse. Elle a « une grosse figure poupine et étonnée, sous la blancheur éclatante de ses cheveux » (p. 121). L'un et l'autre ne vivent que pour leur fille Cécile, et sa mort tragique les plonge dans l'abattement.

● **Cécile**, fille unique des Grégoire, fiancée à Paul Négrel, est âgée de dix-huit ans. Elle a « une chair superbe, une fraîcheur de lait » (p. 123). Gâtée par ses parents, elle est élevée dans une ignorance heureuse et se plaît à faire la charité. Elle ne peut comprendre la détresse des mineurs et leur fureur meurtrière, alors que les femmes en délire se jettent sur elle et lui arrachent ses vêtements. Elle meurt étranglée par Bonnemort.

Les Deneulin

● **Victor Deneulin**, cousin des Grégoire, est veuf et père de deux filles. Âgé d'une cinquantaine d'années, il est un homme sans façon. Il a « le verbe haut, le geste vif », les « cheveux coupés ras » et de grosses moustaches d'un « noir d'encre » (p. 128). Il est propriétaire des mines de Vandame, Jean-Bart et Gaston-Marie, et entreprend leur exploitation, mais la crise économique aidant, il se trouve sans ressources. La Compagnie des mines de Montsou tente de lui acheter à bas prix la mine de Vandame, mais Deneulin se refuse à toute concession.

Il se montre paternel à l'égard de ses ouvriers, se rend dans les tailles avec eux, mais ne cède pas à leurs revendications. La grève aura finalement raison de lui et l'acculera à la ruine.

● **Lucie Deneulin**, fille aînée de Deneulin, « avait vingt-deux ans déjà, grande, brune, l'air superbe » (p. 349). Elle cultive sa voix au piano et parle de faire du théâtre.

● **Jeanne Deneulin**, la cadette, « âgée de dix-neuf ans à peine, était petite, les cheveux dorés, d'une grâce caressante » (p. 349). Elle s'adonne à la peinture et devant le spectacle du Voreux en ruine, et du désespoir des survivants, elle se met à faire des croquis, « enthousiasmée par l'horreur du motif » (p. 546).

■■■■■ LES PRÊTRES

● **L'abbé Joire :** curé de Montsou. Bien nourri, affable, il ne veut fâcher ni les ouvriers, ni les patrons. Il obtient de l'avancement et est remplacé par l'abbé Ranvier.

● **L'abbé Ranvier** est un « prêtre maigre aux yeux de braise rouge » (p. 431). Il succède à l'abbé Joire. Il attaque violemment la bourgeoisie et rejette sur elle la responsabilité de la grève. Il tente de catéchiser les mineurs en prêchant que Dieu se mettrait du côté des pauvres et qu'il ferait triompher la justice. Devant les mineurs tués par l'armée, il appelle sur les assassins la colère de Dieu. L'évêque finit par le déplacer.

■■■■■ LES DOMESTIQUES

Les domestiques des Grégoire

● **Honorine**, la femme de chambre, « une fille d'une vingtaine d'années, recueillie enfant et élevée à la maison » (p. 122).

● **Mélanie**, la cuisinière, « vieille femme maigre qui les servait depuis trente ans » (p. 122).

● **Francis**, le cocher, « chargé des gros ouvrages » (p. 122).

Les domestiques des Hennebeau

● **Hippolyte**, le valet de chambre.
● **Rose**, la femme de chambre.

■■■■■ L'ARMÉE

● **Jules**, le petit soldat chargé de garder le Voreux contre les assauts des grévistes. « C'était un petit soldat, très blond, avec une douce figure pâle, criblée de taches de rousseur » (p. 439). Originaire de Plogoff ; il attend avec impatience une permission de retrouver sa mère et sa sœur (p. 441). Il meurt, sauvagement poignardé par Jeanlin (p. 473).

5 Le temps et la durée

LE TEMPS QUI PASSE

Le cycle des heures et des saisons

Les indications temporelles abondent et permettent d'établir la chronologie du récit : l'action commence par une nuit froide de mars pour se terminer au mois d'avril l'année suivante. *Germinal* est un roman du temps qui passe. L'horloge de l'église (« quatre heures sonnaient au clocher de Montsou », p. 58), le coucou des Maheu, le soleil qui se couche ou la lune qui se lève rythment les activités du coron, le travail de la mine et les phases de la grève. Chaque heure a sa lumière, ses couleurs et ses bruits : « Quatre heures sonnèrent au coucou de la salle [...] rien encore ne remua » (p. 60) ; « le coucou, en bas, sonna six heures. On entendit [...] des bruits de portes » (p. 133) ; « Huit heures sonnèrent, un murmure croissant... » (p. 135) ; et toutes les heures du jour ainsi s'égrènent : « Vers neuf heures, Étienne retraversa le coron [...] le village dormait déjà » (p. 182).

Au cycle des heures se superpose celui des saisons : « Les jours succédaient aux jours ; des semaines, des mois s'écoulèrent » (p. 184). Mais, des quatre saisons, l'hiver domine *Germinal* : l'hiver de la boue, l'hiver de la terre gelée ou l'« éternel hiver du fond » (p. 188). Sur les quatorze mois que dure le récit, quatre chapitres seulement – quarante-cinq pages – ne se situent pas en hiver[1].

Du passé vécu au futur rêvé

Les souvenirs et les rêves de Bonnemort, de Souvarine, d'Étienne étendent au-delà des quatorze mois du roman, au-delà du pays minier, les frontières du temps et de l'espace. *Germinal* évoque les luttes contre l'auto-

---

1. Pages 188 à 222 et 572 à 587.

cratie en Russie (nombreux attentats contre le tzar de 1878 à 1882), la guerre au Mexique (1861-1867), et la création de la Première Internationale ouvrière (1864). L'histoire de la Compagnie laisse entrevoir l'Ancien Régime et le système des corporations. Maheu rappelle « la Grande Révolution[1] » qui proclama l'égalité des citoyens mais laissa les ouvriers dans la misère. Tous songent à Quarante-Huit[2], l'année des « espoirs volés », « une année de chien où l'on avalait sa langue », dit la Maheude. D'autre part, le roman s'étend sur un futur rêvé, l'apocalypse qu'imagine Souvarine, mais surtout la république tant souhaitée par Étienne.

● **Les retours en arrière**

Dans le déroulement du temps, Zola opère des retours en arrière pour expliquer un coup de théâtre ou pour évoquer tour à tour deux séquences simultanées. Les deux premières parties reprennent en des lieux différents la description de la même journée, un lundi de mars. Les chapitres 1 et 2 de la IIe partie sont symétriques. Le récit de la ducasse* est marquée par des reprises. Les chapitres 2 et 3 de la Ve partie sont parallèles. Ces retours chronologiques multiplient les éclairages et les interprétations. Le réel acquiert une épaisseur, une opacité même que ne donne pas un récit linéaire. En revanche, le dernier tiers du roman est à peu près d'un seul mouvement et suggère une progression inexorable.

● **Temps forts et temps faibles**

Tous les moments n'ont pas la même valeur. À certaines heures, l'action culmine ; Zola projette sur les temps forts toute la clarté. Ainsi, de ces quatorze mois, dix jours occupent trois cent cinquante pages sur cinq cents : le jour de l'arrivée d'Étienne, la ducasse*, le premier jour de grève, les deux réunions des mineurs, le jour d'émeute, la rixe, l'affrontement avec la troupe, la catastrophe de la mine et le départ d'Étienne. L'alternance des temps forts et de longues périodes sans relief constitue le « tempo » caractéristique de Germinal.

---

1. Il s'agit de la Révolution de 1789.
2. La Révolution de 1848 : mouvement révolutionnaire aboutissant à l'abdication de Louis-Philippe (24 février) et à la proclamation de la IIe République. Mais en juin, la Garde Nationale tire sur le peuple. L'espoir républicain et le rêve socialiste s'effondrent un peu plus tard, frappés à mort par le coup d'État de

■■■■■ LA DURÉE FÉCONDE

Mais le temps qui s'écoule est aussi une durée créatrice. Les êtres et les choses prennent des significations neuves ; la vérité change de signe.

Un temps destructeur

Le retour périodique des thèmes rend sensible les évolutions, la reprise d'une description, d'un portrait, d'une scène, met en relief les changements. Ainsi la demeure des Maheu est décrite six fois (I, 2 ; II, 2 ; IV, 3 ; VI, 1 ; VII ,1 ; VII, 4) : au début, c'est la précision d'un foyer ouvrier ; puis Zola nous dit successivement le buffet vide, le feu éteint, les meubles vendus, la mort, la maison « noire et muette dans l'accablement de son deuil ». De même, la descente des mineurs est au début du roman un document sur le travail ; dans le dernier chapitre, cette description se charge de connotations affectives et politiques ; elle exprime l'échec, une capitulation lourde de menaces.

Un temps constructeur

Ici le temps détruit ; ailleurs il instaure et construit. Il révèle les personnages à eux-mêmes, donne aux mineurs conscience de leur misère et de leur force. Plusieurs portraits de la Maheude la montrent au début tranquille et fière, « belle encore », puis brisée, pleurant son mari, « assise dans la crotte, sa fille sous le bras comme un paquet ». À la fin, elle apparaît « lamentable dans ses vêtements d'homme » mais réveillée au sens de la révolte. Plusieurs portraits d'Étienne jalonnent la mutation du jeune chômeur qui vient dans la nuit se chauffer le dos au brasier, en un chef révolutionnaire « ayant déclaré la guerre à la société telle qu'il la voyait et telle qu'il la condamnait ».

6 La construction du roman

UNE CONSTRUCTION DRAMATIQUE

Le roman voit se nouer une double intrigue. L'intrigue sentimentale d'une part fait de *Germinal* un drame de l'amour et de la jalousie. D'autre part, le récit d'une grève et de son échec débouche sur une promesse de victoire.

Les fils des deux actions se croisent à travers les personnages. La rivalité d'Étienne et de Chaval se développe sur deux plans et leur haine personnelle dicte souvent leur attitude de militants. Le roman retrouve ainsi une unité ; les deux drames progressent selon la même courbe.

Les trois premières parties constituent un prélude : peinture de la situation sociale et du travail, prise de conscience par Étienne et Catherine des sentiments qui les rapprochent. Ce premier mouvement s'achève sur deux faits décisifs : la réduction des salaires et le départ de Catherine avec Chaval.

Ensuite les deux drames prennent une forme de plus en plus aiguë. Leur progression est marquée par des temps forts, des scènes violentes qui se situent dans les mêmes lieux : le *Bon-Joyeux*, le Plan-des-Dames, le carreau de Jean-Bart, l'*Avantage*. Ils suivent la même pente, celle de l'échec et de la mort.

L'ANTITHÈSE : PRINCIPE D'ORGANISATION

Zola crée par oppositions, recherche les contrastes. Dès qu'est posé le sujet du roman, « la lutte du Capital et du Travail », Zola voit des scènes antithétiques : « Il faut que je montre d'une part le travail des houilleurs dans la mine et de l'autre le capital, la direction, le patron[1]

---

1. Il faut remarquer la progression des termes vers le concret :

[...] j'aurai d'une part les ouvriers [...] je montrerai le directeur chez lui, j'opposerai son intérieur, sa vie, ses plaisirs, son confort, à l'ouvrier, à un intérieur, une vie, une misère d'ouvrier [...] » (« Ébauche »).

L'antithèse est dans *Germinal* un principe essentiel d'organisation ; les personnages, les tableaux s'animent de cette opposition : le logis des Maheu en face de « la Piolaine », la fille unique « trop bien nourrie », éclatante de santé en face de sept enfants malingres, malades, infirmes ; le sommeil paresseux de Cécile fait écho au récit du départ de Catherine en pleine nuit pour la mine ; la disette vient après la ducasse*, le jour même où les ouvriers défilent en criant « du pain », les bourgeois organisent un festin.

■■■■ LE CHOC DE L'HORREUR

Cependant l'antithèse n'est pas la seule procédure. « Pour obtenir un gros effet, écrit Zola (« Ébauche »), il faut que les oppositions soient nettes et poussées au summum de l'intensité possible. » Contraste, mais aussi paroxysme auquel Zola atteint par le choc de l'horreur ou par l'accumulation. Certaines scènes – la mutilation de Maigrat, le meurtre de Cécile, la mort de Bataille – sont d'une extrême violence : « Il faut que le lecteur bourgeois ait un frisson de terreur » (« Ébauche »). Ailleurs, joue l'accumulation : un même chapitre raconte le départ de Catherine et l'accident de Jeanlin ; dans la seule famille des Maheu, il y a quatre morts, un estropié, un paralytique. Mais souvent un thème est annoncé et s'achève sur un point d'orgue[1] : on apprend les colères d'Étienne et le motif de son renvoi de Lille, on voit sourdre sa haine contre Chaval : injures, menaces, puis rixe à l'*Avantage* ; enfin, crime final.

---

1. Point d'orgue : signe placé au-dessus d'un note pour en augmenter indéfiniment la durée.

7 Les thèmes

LA MISÈRE ET LA FAIM

Le thème de la misère et de la faim rythme le roman. Dès les premières pages, le coron est balayé par le vent qui «passait avec sa plainte, comme un cri de faim» (p. 57). L'unique préoccupation des mineurs est de trouver à manger. Catherine se lève pour se trouver devant un buffet désespérément vide.

Physiquement, les mineurs sont présentés comme des êtres chétifs, pâles et amaigris. Zacharie : «il était maigre» (p. 62); Alzire, «si chétive pour ses neuf ans» (p. 61); Catherine, «fluette pour ses quinze ans» (p. 61); Jeanlin, «les membres grêles» (p. 63).

Ils enfantent des «meurt-de-faim» (p. 405) et voient leurs enfants dépérir. La mort de la petite Alzire est un moment dramatique de l'action : «Elle est morte de faim, ta sacrée gamine. Et elle n'est pas la seule, j'en ai vu une autre, à côté... Vous m'appelez tous, je n'y peux rien, c'est de la viande qu'il faut pour vous guérir» (p. 455).

La grève ne fait qu'aggraver la situation : «Dès le samedi, beaucoup de familles s'étaient couchées sans souper [...]. La faim exaltait les têtes» (p. 278); le coron entier est sans pain et Étienne pense tristement à «tout ce peuple luttant, le ventre vide» (p. 285). La faim aura raison des mineurs qui se voient contraints de reprendre le travail et d'accepter les conditions imposées par la Compagnie.

Face à ces familles affamées, il y a ceux qui mangent et sont repus et se nourrissent de la chair ou du travail des autres, comme si *Germinal* retraçait la lutte des gras et des maigres. À commencer par le Voreux, comparé à un «dieu repu» (p. 59) qui se gave de chair humaine. Puis il y a l'épicier, Maigrat, au nom porteur de symbole :

maigre-gras (*cf.* p 47). Il y a enfin les familles bourgeoises qui, par deux fois, sont interrompues dans leurs ripailles par les manifestations des mineurs.

■■■■ THÈMES SOCIO-POLITIQUES

L'originalité de *Germinal* réside dans la peinture des transformations économiques et sociales au cours de la seconde moitié du XIXᵉ siècle. L'artisanat fait place à la grande industrie ; l'entreprise et l'audace individuelle ne suffisent plus ; contre la bourgeoisie triomphante, contre l'hégémonie des puissances d'argent s'affirme l'idéologie socialiste.

On y trouve, incarnées par les principaux personnages, diverses tendances du mouvement socialiste de l'époque : le collectivisme, le possibilisme, le socialisme chrétien, l'anarchisme.

– Le collectivisme, qui adopte des idées de Karl Marx[1], prône la révolution et le renversement de la classe bourgeoise : il est incarné par Étienne.

– Le réformisme ou possibilisme, souhaite que soient mises en place un certain nombre de réformes possibles, sans acte révolutionnaire : il est soutenu par Rasseneur.

– Le socialisme chrétien cherche à concilier christianisme et socialisme en partant du principe que Dieu « est du côté des pauvres » (p 431). Il est défendu par l'abbé Ranvier.

– Un quatrième courant est représenté dans *Germinal*, c'est l'anarchisme, issu de l'anarchisme russe ou nihilisme. Il a été porté à l'attention du public de l'époque par la vague d'attentats qui ont eu lieu dans les années 1878-1881 contre le tsar de Russie Alexandre II qui périt assassiné. Ce système se propose de détruire toutes les structures sociales, sans chercher à reconstruire quoi que ce soit. Il est incarné par le personnage Souvarine.

---

1. Karl Marx (1818-1883) : philosophe, économiste et homme politique allemand, fondateur, en 1864 de la Première Internationale (*cf.* plus haut, p. 39). Il a consigné sa doctrine, appelée le marxisme, dans *Le Capital* (1867). Le marxisme considère que le capitalisme ne pourra résister à l'assaut des travailleurs qui deviendront , dans une société collectiviste, maîtres des moyens de production.

■■■■■■ L'AMOUR

L'amour sert de trame avec ses péripéties habituelles : la jalousie, les silences qui conduisent aux malentendus, les malheurs d'une héroïne fragile et courageuse, les abandons et les retours, la mort enfin. Mais Zola renouvelle le thème en mettant en lumière l'aspect physiologique de l'amour : l'amour, lié au désir physique, est expression de la vie et se traduit par un érotisme bestial parfois, plus souvent joyeux, partout triomphant, éveillé aux effluves du printemps (p. 188), au souffle ardent des soirs d'orage (p. 212), aux odeurs troubles des corps (p. 91, 208). L'amour, dans *Germinal*, est élan vital. Sur ce thème, Zola crée des variations : avec la Mouquette, le désir est rieur et bon enfant; avec Chaval, il est brutal et sans fard; chez Jeanlin, l'instinct est pourri par le vice; Hennebeau souffre d'une passion inassouvie et rêve de connaître «l'accouplement facile et sans regret» (p. 410). L'amour d'Étienne et de Catherine, dans sa pureté, dans sa chasteté même, est désir violent (p. 224), obsession douloureuse (p. 213) et finalement apothéose de l'instinct (p. 573). Chez tous ces êtres menacés de périr, l'amour est un coup de bestialité mais aussi le triomphe de la vie sur la misère et la mort.

■■■■■■ LES ANIMAUX

Zola considère les animaux comme des êtres à part entière, doués d'une âme. Il raconte leur souffrance, dépeint leurs rêves. Dans *Germinal*, hommes et bêtes sont unis dans l'effort et subissent le même sort. Zola est particulièrement frappé par la triste vie des chevaux de mine, aux «gros yeux d'enfants» (p. 105), qui passaient leurs journées à tirer les berlines, et ne remontaient que morts.

Les deux chevaux Bataille et Trompette sont les compagnons de travail des mineurs. Bataille est un cheval blanc qui a «dix ans de fond» (p. 106) et qui n'a jamais revu le jour. Son travail est monotone, mais il s'est résigné à son sort. Pourtant, il semble mélancolique et peut-être songe-t-il au moulin où il est né, «entouré de larges verdures, toujours éventé par le vent» (p. 107). Et avec sa mémoire de bête, il fait «d'inutiles efforts pour se rappeler le soleil». Lorsqu'il voit descendre le jeune Trompette, pétrifié de terreur, avec «son odeur oubliée du soleil dans les herbes» (p. 108), Bataille pousse un hennissement de joie. Ils sont «voisins de mangeoire» et échangent leur «continuel rêve du jour». Mais Trompette ne s'habituera jamais à la mine, «comme torturé du regret de la lumière» (p. 480). Un jour d'hiver, on remonte son cadavre et Bataille voit avec désespoir la mine lui prendre «sa joie dernière». Bataille, quant à lui, meurt dans des conditions atroces sous les yeux d'Étienne et de Catherine : la mine est inondée et le vieux cheval se met à galoper à travers les galeries pour finir par buter contre les roches et se casser les jambes. «Ce fut une agonie effroyable, cette vieille bête, fracassée, immobilisée, se débattant à cette profondeur, loin du jour» (p. 556).

Un autre animal joue un rôle dans *Germinal*, c'est la lapine Pologne, victime de la cruauté des enfants.

Pologne est «un lapin familier, une grosse mère toujours pleine» qui appartient aux Rasseneur et vit en liberté dans la maison. Cette lapine a été baptisée Pologne par Souvarine. Elle s'est mise à l'adorer et tous les soirs, elle passe de longues heures sur ses genoux : «Puis, tassée contre lui, les oreilles rabattues, elle fermait les yeux ; tandis que, sans se lasser, d'un geste de caresse inconscient, il passait la main sur la soie grise de son poil, l'air calmé par cette douceur tiède et vivante» (p. 91). Martyrisée un jour par Jeanlin, elle n'a plus donné naissance qu'à des lapins morts. Les Rasseneur l'accommodent aux pommes de terre.

■■■■■ LA NATURE

Dans *Germinal*, la nature est partout évoquée : la plaine du Nord, immense, balayée par les rafales de vent (p. 9), les champs de betteraves étendus à perte de vue, les chemins empoissés de glaise, le «pavé» filant droit entre les terres rougeâtres (p. 136), les soirs d'hiver, l'éclat du couchant pourpre sur la campagne gelée (p. 406), la lune qui monte éteindre les étoiles et blanchit la clairière (p. 334), le ciel sali de fumée où passent des nuées de rouille (p. 532), les dégels boueux, l'ardeur des nuits d'été, l'éclosion du printemps... Décor mais aussi personnage, la nature est hostile aux hommes : froid de l'hiver, chaleur de la mine, pluie, vent, tempêtes du ciel et de la terre... Les éléments naturels s'acharnent contre les mineurs, ajoutent à leurs souffrances. Cependant, des visions de clarté et de tiédeur, des parfums, des chants d'oiseaux, des murmures de ruisseaux hantent le souvenir des prisonniers de la mine, figurant la liberté et l'espérance au cœur des êtres (p. 107, 188).

▰▰▰ L'INFLUENCE DU MILIEU

Zola définit une double causalité : l'influence du milieu sur les hommes, l'empreinte des hommes sur le cadre de leur existence.

L'exiguïté des logements et la promiscuité «expliquent» la dépravation morale; l'habillement et la malnutrition «expliquent» les maladies.

Inversement, les hommes impriment leur marque sur les choses : l'intérieur des Grégoire, avec sa cuisine qui regorge de provisions, sa cheminée qu'égaie un feu de houille, ses fauteuils profonds, dit la recherche obstinée du confort (p. 122); le salon des Hennebeau trahit «en une confusion de tous les styles» une richesse qui s'étale et un goût douteux (p. 267); le mobilier des Maheu reflète leur labeur, leur ordre, leur docilité : des meubles de sapin, le luxe d'un coucou à cadran peinturluré, quelques enluminures et «les portraits de l'Empereur et de l'Impératrice donnés par la Compagnie»; l'intérieur des Levaque, au contraire, sale, poisseux, dont «la puanteur prenait à la gorge» (p. 152), dénonce l'ivrognerie, la paresse et la débauche... Les objets parlent, les lieux racontent les êtres qui les hantent. Cette approche du réel, balzacienne déjà, est reprise par Zola avec la même rigueur démonstrative; la technique seule diffère : Zola renonce aux inventaires minutieux de Balzac; il choisit quelques détails auxquels il donne toute la force de signification.

8 Le style de Germinal

L'expression, dans *Germinal*, reflète l'esthétique naturaliste de Zola ; mais elle traduit aussi une dimension inconsciente de sa personnalité : la puissance de l'imagination. Ainsi se combinent, dans la forme, une écriture naturaliste et un style visionnaire à caractère épique.

UNE ÉCRITURE NATURALISTE

Faire œuvre de science, montrer des plaies sociales, donner au lecteur « un frisson d'horreur » : ces trois desseins expliquent l'écriture naturaliste. Si le sujet est nouveau, la peinture se veut rigoureuse et c'est pour cette raison que coexistent un certain nombre de hardiesses lexicales et des procédés rhétoriques traditionnels.

Des hardiesses lexicales

Zola introduit dans la langue littéraire des mots qui en étaient exclus, termes techniques et populaires.

Il exploite le vocabulaire technique de la mine ; définit chaque terme selon le personnage qui parle, mais toujours avec précision, au point que le récit devient parfois invraisemblable : les mineurs éprouvent à l'égard de leur métier un intérêt que l'habitude aurait dû émousser ; chacun est capable de parler du fonctionnement de la mine tout entière.

Parallèlement, Zola exploite la *langue populaire* et, par souci de couleur locale, le vocabulaire dialectal : des mots crus et des mots du cru. Les mineurs jurent abondamment, chacun à sa manière : Maheu tonne des « nom de Dieu de nom de Dieu » (p. 242, 452), tandis que Chaval profère des ordures (p. 361 *sqq.*, 461 *sqq.*) ; les conversations sont émaillées de dictons populaires : « Une bonne chope est une bonne chope [...] Faut cracher sur rien... »,

ou d'images originales : « Souffle la chandelle, dit la
Maheude, je n'ai pas besoin de voir la couleur de mes
idées » (p. 67). Ainsi les termes familiers ou vulgaires,
les images caractérisent les personnages et marquent les
différences de milieux et d'atmosphère.

Quand au *vocabulaire dialectal*, il situe géographi-
quement le roman, il a une valeur pittoresque. L'évocation de la vie du coron* (II, 2, 3, 4) et la peinture de
la ducasse* sont jalonnées de termes locaux. Mais Zola
évite l'emploi systématique du patois.

Une syntaxe classique

Contrairement au vocabulaire, la syntaxe et la rhéto-
rique restent traditionnelles. Zola remet en question l'organisation sociale mais pas les structures de la pensée. Il
respecte la grammaire : il maintient l'adverbe *ne* de la
négation dans le parler des ouvriers, il observe une
inversion du sujet peu naturelle dans les tours interro-
gatifs : « À qui est-ce donc, tout ça ? » dit Étienne (p. 59).
« Y sommes-nous, à la fin ? » dit Maheu (p. 69). Il utilise
des charnières logiques (mots de subordination) : « C'*est*
justement *parce que* je suis un homme tranquille, *auquel*
on n'a rien à reprocher, *que* les camarades m'ont choisi,
dit Maheu. » (p. 268). Mais la syntaxe n'a rien de rigide ;
elle dépend des circonstances et de la situation des personnages, du mouvement et du « style » de la scène :
quand il s'emporte contre Estelle (p. 67) ou jure en face
des menaces de Négrel (p. 102), Maheu a un tout autre
ton que devant Hennebeau.

Des procédés rhétoriques
traditionnels

On trouve dans *Germinal* des procédés rhétoriques
hérités de la tradition romanesque ; ainsi Zola joint-il
souvent un terme abstrait et une locution populaire, l'un
expliquant l'autre (« ...les promiscuités du coron, les
garçons et les filles pourrissant ensemble », p. 150), ou
un terme technique et une image. Ainsi, parlant de la
machine : « l'énorme bielle, repliée en l'air, ressemblait
au puissant genou d'un géant » (p. 534). Ces associations
rendent le récit pittoresque tout en restant intelligible.

D'autre part, Zola utilise systématiquement le discours indirect libre dont Balzac et Flaubert ont usé largement avant lui; le style indirect libre est une forme intermédiaire entre le discours direct et le discours indirect. Le narrateur supprime les verbes introducteurs (dire, demander) et intègre au récit les paroles des personnages, par exemple, page 107, à propos de la descente du cheval Trompette : «Aussi, en bas, l'émotion grandissait-elle. Quoi donc? Est-ce qu'on allait le laisser en route, pendu dans le noir? Enfin, il parut [...]»

Parfois encore (on retrouve cette technique chez Flaubert), une image vient clore une description ou terminer un chapitre : «Vêtus de toile mince, ils grelottaient de froid, sans se hâter davantage, débandés le long de la route, avec un piétinement de troupeau» (p. 70).

Les modalités du récit

Le même conformisme se retrouve dans les modalités du récit. Zola sépare nettement la narration, datée selon le déroulement chronologique des faits, et les explications qui forment les parenthèses. Les retours en arrière se bornent à ménager les coups de théâtre et les effets de surprise, permettant d'embrasser successivement plusieurs champs de vision, sans jamais remettre en question la temporalité. Le cadre de l'intrigue et le physique des individus sont systématiquement décrits et toujours à travers le regard d'un personnage. Les pensées secrètes et les propos exprimés alternent en paragraphes distincts sans se fondre.

■■■■■ UN STYLE VISIONNAIRE

Zola, bien qu'il se dise animé d'un esprit scientifique et naturaliste, laisse libre cours à son imaginaire. Sa perception du réel s'épanche en une vision grandiose et traduit une approche profondément poétique du monde. Le traitement des images, l'évocation des foules en furie, le rythme emporté de la phrase confèrent au style de *Germinal* un caractère épique.

Le choix des images

La démesure visionnaire de Zola apparaît d'abord dans le choix des images et dans leur utilisation romanesque.

Le registre de l'imaginaire, dans *Germinal*, contient peu de motifs sonores. Seul s'impose, obsessionnel, le halètement de la pompe d'épuisement qui devient la respiration de la machine (p. 52); on entend également des bruits de foule : claquements de sabots sur la route, acclamations, clameurs comparées au roulement du tonnerre ou au froissement de feuilles sèches.

● Les images visuelles

Les images visuelles, au contraire, sont nombreuses et la technique picturale de Zola est incontestable. Dans certaines descriptions, on est frappé par le miroitement des couleurs; la peinture du coron, de la ducasse est faite de la juxtaposition de touches contrastées : chatoiement impressionniste qui n'est nullement fortuit : Zola était ami intime de Cézanne, admirateur de Manet, de Monet, de Pissarro, et il a voulu transposer, dans l'écriture, l'impressionnisme pictural. En revanche, certains tableaux sont brossés à larges traits : «Dix kilomètres de pavé, coupant tout droit à travers les champs de betteraves [...] l'immense horizon plat [...] des rafales larges comme sur une mer. [...] Aucune ombre d'arbre ne tachait le ciel, le pavé se déroulait avec la rectitude d'une jetée, au milieu de l'embrun aveuglant des ténèbres» (p. 50). On songe au réalisme, voire à l'expressionnisme [1]; les personnages rappellent ceux de Courbet [2]; certaines scènes annoncent Vlaminck [3] : les motifs sont nettement cernés, les couleurs ternes et dures s'harmonisent par leurs contrastes; tel le dégel (p. 139) : la boue est «noire et collante», les mottes «brunes», l'horizon «violâtre», le ciel «sali de suie»; Léonore et Henri suivent leur mère «en louchant pour voir les patards qu'ils faisaient au milieu des tas»; les couleurs, loin d'être un jeu, définissent alors une symbolique.

---

1. Technique picturale privilégiant la simplification du dessin et les rapports de tons insolites.
2. Courbet (1819-1877), peintre français, chef de l'école réaliste.
3. Vlaminck (1876-1958), peintre paysagiste français.

● Les images olfactives

Un des aspects les plus originaux de *Germinal* est sans doute la précision des images olfactives. Zola témoigne d'une très vive sensibilité aux odeurs. Chaque moment, chaque lieu a ses odeurs spécifiques : les mineurs du fond respirent « d'un bout de la quinzaine à l'autre » un air vicié par l'odeur de grisou et de bois pourri, une « fraîcheur salpêtrée » mêlée aux souffles chauds venus de l'écurie ; chez les Maheu, au petit matin, « une odeur d'oignon cuit, enfermée depuis la veille, empoisonn(e) l'air chaud, cet air alourdi toujours chargé d'une âcreté de houille » (p. 68) ; à la Piolaine règne au contraire « une bonne odeur de brioche chaude » ; chez les Levaque « une puanteur de ménage mal tenu pren(d) à la gorge » (p. 152) ; le jour de la ducasse, dans le coron, « d'un bout à l'autre des façades, ça sentait le lapin, un parfum de cuisine riche qui combattait ce jour-là l'odeur invétérée de l'oignon frit » (p. 198) ; il y a les parfums du printemps, les senteurs de l'été, l'odeur de frite et de bière de la fête, les odeurs louches du Volcan que Zacharie, Mouquet et Levaque traînent sur eux (p. 210) ; au bal, « l'odeur forte des couples en sueur » (p. 208). Cette sensibilité olfactive est liée souvent à une sensualité obsédante ; l'odeur des corps ou les parfums qui les enveloppent font souffler dans l'air « le coup de bestialité » qui prend Hennebeau dans la chambre de sa femme comme les galibots au fond de la mine.

● La recherche du détail vrai

On est frappé, à la lecture de *Germinal*, par l'importance accordée à certains détails, un chat qui fuit, un chien qui aboie derrière une haie (p. 532) ou, pendant que le Voreux s'effondre et que la foule attend, un vieux mineur qui trompe la surveillance, court jusqu'à la baraque, puis reparaît : « Il était allé chercher ses sabots » (p. 533). Ce procédé traduit chez le romancier un souci d'authenticité, la volonté de « faire vrai » par la véracité d'une notation ; mais c'est aussi la vision hallucinée d'un motif qui se détache sur un ensemble confus. Le détail vrai « hypertrophié », comme le dit Zola, donne souvent à une scène sa signification : c'est la porte qui claque après l'échec des négociations entre Hennebeau et les mineurs (p. 275), l'indécence farouche du derrière de la Mouquette « dans un dernier flamboiement du soleil » (p. 407), la hache qui passe portée au-dessus des têtes et détachant « dans le ciel clair le profil aigu d'un couperet de guillotine » (p. 405).

Force des images

La force d'une image, son grandissement jusqu'à la vision épique vient souvent de sa *place* autant que de sa forme. En fin de description et surtout en fin de chapitre, elle acquiert une résonance particulière; c'est Catherine paraissant au jour, éblouie de soleil au milieu des grévistes qui la huent (p. 372), l'abbé Ranvier, après la fusillade, appelant sur les bourgeois la colère de Dieu (p. 493), Souvarine, après la catastrophe, s'éloignant dans la nuit (p. 536). Parfois dans l'image qui clôt un chapitre éclate une ironie cruelle ou une intention satirique : la délégation des mineurs partie, Madame Hennebeau ordonne : « Hippolyte, avant que nous passions au salon, ouvrez les fenêtres et donnez de l'air » (p. 275); protégé par les gendarmes qui chargent la foule des meurt-la-faim, un marmiton déballe des croûtes de vol-au-vent (p. 428).

Enfin, l'importance d'une image peut être due à sa *répétition*. Au premier chapitre, Zola parle du crachat noir de Bonnemort six ou sept fois : « Son crachat, sur le sol empourpré, laissa une tache noire », « il cracha [...] et la terre noircit », « un raclement monta, il cracha noir », le retour du motif lui ôte sa trivialité, le détail devient symptôme morbide et symbole de misère.

Rythme de la phrase

La vision du monde de Zola s'inscrit dans l'*organisation de la phrase*, dans le *rythme*.

Le mouvement dramatique, les élans de la sensibilité sont rendus par les coupes, la longueur des groupes de mots dans la phrase. Quand la faim, la colère, le désespoir lancent les mineurs sur les routes en une galopade hallucinante, la phrase déboule sur elle-même, charrie les images et les mots paraissent rebondir les uns sur les autres (« les femmes avaient paru, près d'un millier de femmes », p. 405). Le rythme emporté et haletant, les nombreuses allitérations (« avec des gorges gonflées de guerrières »), les énumérations (« des galibots, des haveurs, des raccommodeurs ») traduisent l'élan furieux de l'émeute.

La peinture des scènes collectives

Zola, dans une perspective épique, met en scène des êtres collectifs et anime les foules, dont le rôle dans l'action est souvent déterminant.

Ces scènes collectives se présentent comme des fresques où les détails se fondent dans l'unité de l'éclairage, sombre le plus souvent. *Germinal* est un roman de la nuit et des ténèbres : arrivée des mineurs à la fosse, les êtres surgissant de l'ombre dans la « clarté louche » des lanternes épuisées (I, 3 ; VII, 6) ; réveil à quatre heures du matin ; crépuscule du coron, sans feu ni lumière, où rôdent les ombres des grévistes affamés. Un jeu de clair-obscur, au contraire, découpe des plans d'ombre et de clarté sur le rassemblement du Plan-des-Dames. L'éclairage de la fresque est rouge enfin lorsque, dans le soir d'hiver, le peuple galope dans la campagne : « La route sembla charrier du sang ; les femmes, les hommes continuaient à galoper, saignants comme des bouchers en pleine tuerie » (p. 406).

Dans le groupe ou dans la foule, les exclamations, les boutades, les cris deviennent anonymes ; l'individualité physique même disparaît dans la description : « Les hommes déboulèrent ensuite [...] une masse compacte qui roulait d'un seul bloc [...]. Au-dessus des têtes, parmi le hérissement des barres de fer, une hache passa [...] » (p. 405).

Par ailleurs, l'âme collective transfigure les individus : la Maheude, pourtant si calme, se déchaîne au Plan-des-Dames ou en face de la troupe. Étienne, devant la foule, parle « d'une voix changée » ; il trouve des mots qu'il ne soupçonnait pas. Maheu aussi, à la tête de la délégation des grévistes : « Il était lancé, les mots venaient tout seuls. Par moments, il s'écoutait avec surprise. Comme si un étranger avait parlé en lui » (p. 269).

Par la peinture des groupes sociaux et des foules, Zola confère une dimension nouvelle au genre romanesque.

9 **Significations** de Germinal

La signification de *Germinal* peut se lire sur trois niveaux, historique, épique et symbolique.

■■■■■ UN TÉMOIGNAGE SOCIAL ET HISTORIQUE

Politiquement, *Germinal* veut être un acte d'accusation contre le Second Empire; mais Zola ne convainc pas. En revanche, le roman fixe un moment de l'histoire sociale, une étape du mouvement ouvrier : l'époque où les syndicats se constituent, où des grèves spontanées éclatent, où naît la conscience de classe.

Un monde est ébranlé, un autre est en germe. Le récit impose le sentiment du pouvoir créateur de l'histoire. L'évolution dépasse la volonté et le pouvoir des hommes. Les individus assument un rôle qu'ils n'ont pas choisi.

L'histoire s'inscrit dans un univers où s'affirment et s'affrontent des forces antithétiques. Toute réalité naît de son contraire : l'espoir, du malheur ; le rêve de justice, de la misère ; l'écrasement de la grève change la résignation en révolte ; l'« extermination » voulue par Souvarine promet à Étienne « une société régénérée » ; il faut « le bagne souterrain » pour donner un sens au « chant de l'alouette » (p. 584).

■■■■■ UN ROMAN ÉPIQUE

Germinal est, en outre, un roman à caractère épique où s'affrontent des forces violentes et où les choses et les éléments semblent avoir une âme.

Un affrontement de forces

● Forces cosmiques

La lutte des mineurs est, bien sûr, celle des travailleurs contre la bourgeoisie, mais aussi celle de l'humanité contre l'univers hostile. Le ciel et la terre, le feu et l'eau s'acharnent sur les hommes ; l'accident du travail, le sabotage sont vécus commme un cataclysme qui prend, sous la plume de Zola, une dimension cosmique, presque surnaturelle ; la fosse agonise sous un ciel tourmenté, comme si les conditions météorologiques avaient part au désastre : «des nuées couleur de rouille» voilent le soleil en plein midi (p. 532) ; une «nuée sombre, grandie à l'horizon, hâtait le crépuscule» (p. 534).

● Forces animales

Des forces animales s'affrontent ; la machine est une bête mauvaise : «Et le Voreux, au fond de son trou, avec son tassement de bête méchante, respirait d'une haleine plus grosse et plus longue [...]» (p. 60) ; «Devant lui, le Voreux s'accroupissait de son air de bête mauvaise» (p. 183). Lorsque Souvarine sabote le cuvelage , on assiste à un affrontement entre un homme et une créature vivante. «Il s'acharna au hasard contre le cuvelage, tapant où il pouvait [...], pris du besoin de l'éventrer tout de suite sur sa tête» (p. 515). Souvarine lui-même se comporte comme un animal : ses outils sont assimilés à une mâchoire, son dos à une échine : «On entendait la morsure de ses outils, son échine s'allongeait, il rampait [...]» (p. 515). Il finit par infliger à la bête une «blessure au ventre» (p. 515).

De la même façon, la foule des émeutiers est dépeinte comme un bétail affolé : les hommes, tels des «bêtes fauves» continuaient à galoper dans une «débandade enragée» (p. 406), tandis que les mineurs, au fond de la veine, sont des insectes menacés d'écrasement : Maheu semble «un puceron pris entre deux feuillets d'un livre, sous la menace d'un aplatissement complet» (p. 86) ; les haveurs «entièrement nus comme des bêtes [ont].des échines de singes» (p. 361) ; Catherine, derrière sa berline, nue elle aussi, «besognait, la croupe barbouillée de suie, avec de la crotte jusqu'au ventre, ainsi qu'une jument de fiacre. À quatre pattes, elle poussait» (p. 363). Vision d'un monde aveugle, de forces inconscientes et hostiles, écrasement des faibles par les forts; ce n'est plus la lutte des classes, c'est la concurrence vitale.

● **Forces religieuses**

Le conflit social est en outre présenté comme une guerre de religions : les divinités maléfiques d'un vieux culte – le culte du Capital et du Voreux– sont renversés par les propagateurs d'une foi nouvelle : des hommes, des travailleurs, se révoltent contre les sacrifices humains, contre la barbarie de ce dieu carnivore, le Voreux, tapi dans les ténèbres, accroupi «comme une idole, dans l'inconnu de son tabernacle» (p. 436), et se nourrissant du travail et de la vie des ouvriers.

Mais le renversement des idoles suscite la vengeance des anciens dieux par le déluge et par le feu. À la fin du roman, l'eau, telle une «cataracte», se déverse dans la fosse en «une nappe bouillonnante» (p. 536), tandis que le feu éclate en un «torrent de flammes» (p. 544) et envahit les galeries.

Dans ce conflit, Étienne apparaît comme l'apôtre de la religion naissante; il parle «d'une humanité jeune, purgée de ses crimes» (p. 220); «et les Maheu avaient l'air de comprendre, approuvaient, acceptaient les solutions mira-culeuses, avec la foi aveugle des nouveaux croyants, pareils à ces chrétiens des premiers temps de l'Eglise» (p. 221). Lorsqu'Étienne s'adresse aux mineurs dans la forêt, ceux-ci «ne sentaient plus le froid, ces ardentes paroles les avaient chauffés aux entrailles» (p. 340); ce n'est plus le syndicaliste qui parle; au cœur de la grève, «il rendait des oracles» (p. 340); et quand il quitte la mine, c'est dans la «gloire» d'un soleil nouveau qui illumine une terre rajeunie : «Un flot d'or roulait de l'orient à l'occident» (p. 583).

Personnification épique

Zola aime prêter vie aux éléments et aux choses. Tout au long du roman, le puits du Voreux est comparé à une créature vivante qui se nourrit de chair humaine (*cf.* p. 72). Le nom seul du Voreux est un symbole (racine : dévorer, vorace); le premier chapitre en donne une description technique, le troisième une vision mythique : Étienne, embauché par Dansaert, sent naître l'angoisse; la machine devient une bête nocturne («devant lui, brusquement,

deux yeux jaunes, énormes, trouèrent les ténèbres»,
p. 70) et une bête malfaisante («le puits avalait les
hommes par bouchées de vingt ou trente», p. 73); il
imagine des «boyaux géants capables de digérer un
peuple. Cela s'emplissait, s'emplissait encore, et les
ténèbres restaient mortes» (p. 74). La pompe d'épuisement figure «la respiration» du monstre; nuit et jour,
Étienne l'entend «soufflant toujours de la même haleine
grosse et longue, l'haleine d'un ogre dont il distinguait la
buée grise [...] et que rien ne pouvait repaître» (p. 120).
Pendant la grève, le monstre vit au ralenti; à la fin du
roman, «il meurt»: «on vit la machine, disloquée sur son
massif, les membres écartelés, lutter contre la mort; elle
marcha, elle détendit sa bielle, son genou de géante,
comme pour se lever; mais elle expirait, broyée, engloutie
[...]. C'était fini, la bête mauvaise, accroupie dans ce creux,
gorgée de chair humaine, ne soufflait plus de son haleine
grosse et longue» (p. 535).

■ UNE VISION MYTHIQUE

Le caractère épique du roman tient aussi à la présence
en filigrane d'un réseau de mythes, mythes de l'enfer,
mythe du Minotaure.

L'enfer

La mine est un véritable enfer. Les hommes travaillent
sous terre, à 554 mètres de profondeur, sous une température qui peut monter à 35 degrés. «L'air ne circulait
pas, l'étouffement à la longue devenait mortel» (p. 86).
Étienne, dès le début, semble effectuer une descente en
enfer: «Depuis qu'il se trouvait au fond de cet enfer,
une révolte lente le soulevait» (p. 101); «Autant valait-il
crever tout de suite que de redescendre au fond de cet
enfer» (p. 109).
La mine est, en effet, un lieu de supplice où l'on est
aplati entre les roches «couché sur le flanc, le cou tordu,
se traînant des genoux et des coudes, ne pouvant se
retourner sans se meurtrir les épaules» (p. 85).
La mine est un lieu de mort. L'homme y est écrasé
par la roche: éboulement, l'eau (inondations), feu (coups

de grisou). Enfin, elle est un lieu d'expiation, telles sont du moins les croyances véhiculées par la légende du Tartaret. Le Tartaret (dont le nom rappelle le Tartare, désignant dans la mythologie grecque, le fond des Enfers) est une lande inculte «sous laquelle depuis des siècles, brûlait une mine de houille incendiée» (p. 358), et qui était, selon une croyance populaire, le lieu de torture des «âmes criminelles en train de grésiller dans la braise» (p. 358).

Le mythe du Labyrinthe et du Minotaure

La mine se présente comme un véritable labyrinthe de galeries obscures. Étienne, lors de son arrivée, est dérouté par ces galeries qui s'ouvrent devant lui : «Plus loin, un carrefour se présenta, deux nouvelles galeries s'ouvraient, et la bande s'y divisa encore» (p. 82). La mine avaleuse d'hommes, véritable ville souterraine, peut être comparée au Labyrinthe de Crète construit par Dédale pour enfermer le Minotaure, monstre mi-homme, mi-taureau, qui dévorait chaque année sept jeunes gens et sept jeunes filles. De la même façon, le Voreux, dont le nom signifie «vorace», semble avaler chaque jour sa ration d'hommes : «Le puits dévorateur avait avalé sa ration quotidienne d'hommes, près de sept cents ouvriers» (p. 84). Le Voreux boit le sang des mineurs, engloutit leurs forces, les affame et finit par les prendre au piège dans le dédale de ses galeries qui se referment sur eux : la mort les attend alors.

■■■■■ UNE VISION PROPHÉTIQUE

Vision mystique, vision mythique : l'univers de *Germinal* est un monde où des mythes naissent et meurent, où s'opposent les mythes de mort et les mythes de vie : le Voreux, lié à l'enfer, au grisou, au déluge, figure les puissances de la mort; l'humanité régénérée, la justice, la vérité, la pureté et l'amour sont des puissances de vie. Les unes végètent dans la nuit de la terre, dans la lueur plombée du crépuscule ; les autres naissent dans la clarté lunaire ou l'éclat du soleil levant.

À la symbolique de l'ombre et de la lumière se superpose le contraste de la chute et de l'envolée : tout ce qui tombe, tout ce qui écrase, tout ce qui est lourd, compact, solide – la machine, la roche, l'eau même – s'oppose à tout ce qui prend un essor.

Avenir et passé, anéantissement et résurrection : *Germinal* est un chant d'espérance et d'amour qui change même les signes du mal. La faute, le péché, la souffrance cachent dans le vieux monde leur signification authentique : la misère prépare un avenir ; la corruption est, au-delà du vice, quête du bonheur. Un paganisme mystique chante le triomphe de la vie sur la mort, dans la mort même. La conclusion claire de *Germinal* annonce déjà celle des *Rougon-Macquart*[1] : l'avenir entrevu est un règne de justice et de pureté ; le monde attend son salut d'un messie. Zola voulait faire son œuvre « prophétique ».

■■■■■ UN TITRE SYMBOLIQUE

L'œuvre est donc à la fois un témoignage et un poème, une chronique et un mythe cosmique. Toutes ces significations se retrouvent en un mot, le titre.

Zola avait songé successivement à *Coup de pioche*, *La Maison craque*, *Le Grain qui germe*, *L'Orage qui monte*, *Le Sang qui germe*, *Maison rouge*, *Le Feu qui couve*, *Le Sol qui brûle*, *Le Feu souterrain*. Puis *Germinal* s'imposa ; il confie à Van Santen Kolff, le 6 octobre 1889 : « Je cherchais un titre exprimant la poussée d'hommes nouveaux, l'effort que les travailleurs font, même inconsciemment, pour se dégager des ténèbres si durement laborieuses où ils s'agitent encore. Et c'est un jour, par hasard, que le mot *Germinal* m'est venu aux lèvres. Je n'en voulais pas d'abord, le trouvant trop mystique, trop symbolique, mais il représentait ce que je cherchais, un avril révolutionnaire, une envolée de la société caduque dans le prin-

---

1. Voir la conclusion du *Docteur Pascal*. Zola écrit le 22 février 1893 : « Il m'a semblé brave, en terminant cette histoire de la terrible famille des *Rougon-Macquart*, de faire naître d'elle un dernier enfant, l'enfant inconnu, le Messie de demain peut-être. »

temps [...]. S'il reste obscur pour certains lecteurs, il est devenu pour moi comme *un coup de soleil qui éclaire toute l'œuvre.*»

Les mineurs sont la semence d'une moisson d'«hommes nouveaux». Le symbole apparaît au début de la troisième partie avec l'éclosion du printemps; Étienne contemple l'ondulation des épis où se cachent les couples d'amoureux : «Toute une vie germait, jaillissait de cette terre, pendant qu'il geignait sous elle, là-bas, de misère et de fatigue» (p. 188). Dans les conversations de la veillée, il reprend l'image : «À présent, le mineur s'éveillait au fond, germait dans la terre ainsi qu'une vraie graine; et l'on verrait un matin ce qu'il pousserait au beau milieu des champs : oui, il pousserait des hommes, une armée d'hommes [...]» (p. 218). «Ah ! çà poussait, çà poussait petit à petit, une rude moisson d'hommes, qui mûrissait au soleil!» (p. 218). «Une société nouvelle poussait en un jour...» (p. 220). Cette image revient en leitmotiv : «Et les idées semées par Étienne poussaient...»; les mêmes termes sont repris, et la répétition donne à la métaphore valeur de vérité : «Une armée poussait des profondeurs des fosses, une moisson de citoyens dont la semence germait et ferait éclater la terre, un jour de grand soleil» (p. 343).; «Des hommes poussaient, une armée noire, vengeresse, qui germait lentement dans les sillons, grandissant pour les récoltes du siècle futur, et dont la germination allait faire bientôt éclater la terre» (p. 587).

Désormais, plus rien ne sera comme avant : Étienne a semé l'espoir et les dernières lignes laissent entrevoir la promesse d'un monde juste et présentent les transformations sociales comme inéluctables.

Les significations multiples de *Germinal* traduisent la dynamique de l'imagination de Zola et reflètent d'autre part une conception du roman naturaliste complexe et finalement ambiguë : «la réalité poétique, c'est-à-dire la réalité acceptée puis traitée en poème[1]».

---

1. *Le Roman expérimental.*

LE VOCABULAIRE DE LA MINE

Abatage ou **Abattage** : action de détacher et de faire tomber le charbon de la paroi de la mine.

Accrochage : à chaque niveau du puits, palier où se rencontrent les berlines pleines qui vont être «accrochées», c'est-à-dire placées dans la cage de l'ascenseur, et les berlines vides.

Aérage : système de ventilation permettant le renouvellement de l'air dans la mine.

Baraque : vaste salle, à la surface, où les ouvriers entreposent leurs outils. Ils se retrouvent là et se réchauffent au poêle avant de descendre au fond.

Barrette : chapeau de cuir destiné à protéger la tête du mineur.

Beffroi : au-dessus d'un puits de mine, tour métallique qui soutient les poulies sur lesquelles passent les cables des ascenseurs.

Berline : benne à quatre roues servant au transport du charbon dans les galeries. Circulant sur rails, la berline est tirée par un cheval ou poussée par les herscheurs.

Boisage : consolidation des galeries par des pièces de bois.

Briquet : double tartine garnie de beurre et de fromage que le mineur emporte pour se restaurer dans la mine.

Cage : dans un puits de mine, monte-charge servant à monter ou descendre les berlines ou les mineurs eux-mêmes.

Carreau : ensemble des intallations de surface d'une mine de charbon.

Chargeur : ouvrier au fond chargé de placer les berlines pleines dans les cages et de commander les manœuvres de montée ou de descente.

Corbeille : récipient en fonte où brûle du charbon et faisant office de poêle en plein air.

Coron : groupe de maisons d'habitation des mineurs, construites par les compagnies houillères pour leurs ouvriers.

Coupe à terre : travail des équipes de remblayage qui, à l'aide de déblais (débris de charbon), comblent les vides des galeries exploitées, afin de les remettre en état.

Criblage : tri des charbons extraits, classés selon leur taille.

Cuvelage : dans un puits de mine, revêtement de soutien et d'étanchéité, constitué de charpentes de bois et pratiqué dans une roche à risque (nappe souterraine, roche friable).

Ducasse : fête populaire dans le nord de la France.

Fosse : terme désignant l'ensemble d'une exploitation minière.

Galibot : jeune manœuvre employé au fond de la mine pour entretenir les voies.

Goyot ou Goyau : cheminée qui, le long d'un puits, sert d'aérage (voir ce mot) ; des échelles y permettent la circulation et rendent possible, en cas de danger, la remontée des hommes.

Grisou : gaz naturel qui se dégage spontanément dans les mines de houille et qui, mélangé à l'air ambiant, explose au contact d'une flamme, provoquant de graves accidents.

Haveur : mineur qui « abat » le charbon, c'est-à-dire qui le décolle et le fait tomber de la roche, à l'aide de sa rivelaine (voir ce mot).

Herscheur, Herscheuse : ouvrier, ouvrière qui pousse, dans les galeries, les berlines chargées de charbon.

Livret : carnet délivré à titre obligatoire à chaque ouvrier. L'employeur devait y inscrire les dates d'arrivée et de départ de l'ouvrier, les motifs de son renvoi éventuel, les avances faites sur salaire. Le livret fut supprimé par la loi du 2 juillet 1890.

Logeur : dans le nord, nom donné au locataire logé par une famille de mineurs.

Machineur : ouvrier mécanicien attaché au service des machines de la mine.

Marchandage : négociation entre la Compagnie et une équipe de mineurs sur le prix de la berline de charbon dans une veine déterminée.

Moulineur : ouvrier de surface qui reçoit, décharge, renvoie au fond les berlines vides.

Porion : contremaître dans la mine.

Raccommodeur : ouvrier chargé de l'entretien du boisage et des voies.

Recette : vaste salle à la surface où est reçu le charbon extrait.

Rivelaine : pic de mineur à deux pointes.

Roulage : transport du charbon du point d'extraction au palier d'accrochage.

Taille : galerie où l'on extrait le charbon.

Terri : amas de déblais accumulés à la surface de la mine et provenant des travaux souterrains.

Veine : couche de houille exploitable.

BIBLIOGRAPHIE

● Éditions de « Germinal »

– Gallimard (Coll. «Bibliothèque de la Pléiade», t. 3, 1964), édition établie et annotée par Henri Mitterand.
– Gallimard (Coll. «Folio», 1978), édition établie et annotée par Henri Mitterand.
– Garnier-Flammarion (1979), édition établie par C. Becker.
– Livre de Poche (1983), édition établie par A. Dezalay.

● Études d'ensemble sur Zola et le naturalisme

– Denise Leblond-Zola, *Émile Zola raconté par sa fille* (Fasquelle, 1931).
– A. Lanoux, *Bonjour, Monsieur Zola* (Hachette-Livre de Poche, 1972).
– R. Ripoll, *Réalité et Mythe chez Zola* (Champion, 1981, t. I et II)
– Y. Chevrel, *Le Naturalisme* (PUF, 1982).

● Études sur « Germinal »

– P. Moreau, *Germinal, épopée et roman,* Centre de Documentation universitaire, 1954.
– Ida M. Frandon, «Autour de Germinal», *La mine et les mineurs,* Droz, 1955.
– A. Dezalay, «Le thème du souterrain», *Europe,* numéro spécial sur Zola, 1968.
– A. Dezalay, «Le fil d'Ariane; de l'image à la structure du labyrinthe», *Les Cahiers naturalistes,* n° 40, 1970.
– H. Mitterand, «Le système des personnages dans Germinal», *Cahiers de l'Association internationale des études françaises,* 1972.
– *Cahiers naturalistes,* «Germinal et le mouvement ouvrier en France», n° 59, 1976.
– C. Becker, Émile Zola, *Germinal,* Coll. «Études littéraires» PUF, 1984.

INDEX DES THÈMES ET NOTIONS